Jürgen Stabe

Glaube, Gänse und Genossen
Mein Leben in zwei deutschen Staaten

Jürgen Stabe

Glaube, Gänse und Genossen

Mein Leben in zwei deutschen Staaten

SCM Hänssler

SCM

Stiftung Christliche Medien

Bestell-Nr. 395.076
ISBN 978-3-7751-5076-7

Internet: www.scm-haenssler.de
E-Mail: info@scm-haenssler.de
Umschlaggestaltung: Jens Vogelsang, Aachen
Titelbilder: Autorenfoto: © Foto Hess, Annaberg
Gänse: shutterstock.com
Bilder im Innenteil: Privat
Satz: typoscript GmbH, Kirchentellinsfurt
Druck und Bindung: CPI – Ebner & Spiegel, Ulm
Printed in Germany

Inhalt

In Dankbarkeit gewidmet
meiner lieben Frau Brigitte
sowie den Kindern und Enkeln,
verbunden mit dem Wunsch,
im Glauben an Gott zu bleiben
und zu wachsen!

Vorwort

Mein Glaube lebt auch von der Wolke der Zeugen.

Dem Märchen von der Selbstbestimmung des Menschen glaube ich schon lange nicht mehr. Weder bestimmen wir selbst, ob und wie wir zum Leben kommen, noch ist es gut, selbst bestimmen zu wollen, wann und wie unser Leben endet. Und das gilt auch für unseren Glauben. Auch der Glaube lebt davon, dass andere uns vorausgegangen sind. Erst Gott selbst, der durch sein Tun und sein Handeln uns einlädt zum Glauben. Da sind Menschen vor uns und neben uns, die Glauben leben, Glauben erlebt haben. So wie wir im natürlichen Leben von anderen lernen: reden, gehen, denken, Zusammenhänge verstehen, so gilt das auch für den Glauben. Wir müssen nicht so tun, als ob wir nur glauben dürften, was wir selbst sehen, erfahren, wissen. Nein, es entspricht klugem Verhalten, sich auch die Erfahrungen anderer zunutze zu machen.

Deshalb freue ich mich, dass Jürgen Stabe mit seiner Autobiografie uns teilhaben lässt an seinem Leben und an seinem Glauben. Denn unser Glaube lebt auch vom Glaubenszeugnis der Väter und Mütter des Glaubens. Darum hat mich die »Wolke der Zeugen«, wie sie uns in Hebräer 11 dargestellt werden, schon immer sehr angezogen. Und gerne singe ich seit Jahrzehnten bis heute – manchmal im Auto – das herrliche Lied »Lass mich an dich glauben, wie Abraham es tat…«

Denn wir sind es ja nicht, die den Glauben erfunden haben. Und wir sind es auch nicht, die jeden Schritt selbst ausprobieren müssen. Nein, im Glauben ist es wie im realen Leben: Man darf aufbauen auf das, was vor einem gewesen ist, gedacht und gelebt wurde.

Jürgen Stabe berichtet in seinem Buch auch von der Gemeinschaft der Evangelischen Allianz, der er als letzter Allianzvorsitzender in der DDR dienen durfte und nach dem politischen Umbruch und der Wiedervereinigung Deutschlands als erster Vorsitzender der neuen gesamtdeutschen Allianz. Und er macht deutlich, dass ihn diese Gemeinschaft in den weiten Horizont von Glaubens- und Lebensführungen hineingestellt hat. Christen aus unterschiedlichen christlichen Konfessionen und Denominationen finden und erleben ihre gemeinsame Grundlage.

Aber es gibt eben neben dieser Allianz auch die Allianz der Generationen. Und auch deshalb danke ich Jürgen Stabe für dieses Buch. Denn er berichtet ja darin auch von seinem Leben und Glauben unter ganz anderen Bedingungen der braunen und roten Diktatur Deutschlands, dem Krieg, dem Leben als Kriegswaise, Flucht und Internierung. Auch wenn wir 2009 in eine Phase wirtschaftlichen Abschwungs gekommen sind und wirtschaftliche Unsicherheit um sich greift – solche Erfahrungen kennen die heute noch im aktiven Berufsleben Stehenden nicht. Schon gar nicht jene, die in den alten Bundesländern aufgewachsen sind und die immer stärker und bald nur noch vom Leben in Frieden und Freiheit geprägt sind. Aber vielleicht ist es ja so, dass die Zeiten des Wohlstands und des Friedens und der Freiheit für unser Glaubensleben gefährlicher sind als jene äußerer Bedrohung, Armut und Repressalien.

Verwöhnt von guten äußeren Umständen besteht für uns die Gefahr, nicht mehr zu erkennen, wann der Widerstand gegen die Zeittrends dran ist und wo die Anpassung der falsche Weg wäre.

Ich habe das Vorrecht, einige Jahre mit Jürgen Stabe Seite an Seite in der Bewegung der Evangelischen Allianz arbeiten zu dürfen. Für mich ist Jürgen Stabe ein Zeitzeuge des Evangeliums, bei dem Glauben und Leben kein Widerspruch darstellt und dessen hohe theologische Kompetenz im alltäglichen Glaubensleben geerdet ist. Es tut gut, seine Erfahrungen wahrzunehmen. Unser Glaube kann dadurch gestärkt werden.

Hartmut Steeb
Generalsekretär der Deutschen Evangelischen Allianz

1. Einleitende Gedanken

Zeit ist ein kostbares Geschenk. Man kann sie einhalten und überschreiten. Kann sie mit Leben erfüllen oder totschlagen. Kann sie genießen oder verplempern. In meinem ersten Buch »Wunderbar geführt« habe ich von Ereignissen aus meinem Leben erzählt. Es waren nur kleine Mosaiksteinchen, die für mich einen tiefen Glaubenszusammenhang hatten. Auf Bitten vieler sehr verschiedener Menschen (Christen wie Nichtchristen) sehe ich mich geradezu dazu beauftragt, mehr davon zu berichten, welchen Inhalt »Gottes Zeit« bei mir hatte: Prägendes und Gutes, aber auch belastende und schwere Erfahrungen, Grenzen und Chancen.

Sie hat einen Anfang und ein Ende. Sie kann aufbauen und zerstören. Es gibt Zeiten, die man festhalten, und Zeiten, die man schnell wieder vergessen möchte. Und manchmal kann die Begrenzung von Zeit auch Trost sein, wenn eine neue Zeit am Horizont sichtbar wird.

Das biblische Buch des Predigers sagt vortrefflich in Kapitel 3, Vers 11-12: »Gott hat allem auf dieser Welt schon im Voraus seine Zeit bestimmt, er hat sogar die Ewigkeit in die Herzen der Menschen gelegt. Aber sie sind nicht in der Lage, das Ausmaß des Wirkens Gottes zu erkennen; sie durchschauen weder, wo es beginnt, noch, wo es endet.« Gottes Zeit zu erkennen, zu verstehen und anzunehmen gehört zu den wunderbaren Erfahrungen, bei denen man das Gute des Lebens nicht zum absolut unverlierbaren Maßstab machen und an dem Schweren nicht völlig zerbrechen muss.

So waren auch die Zeiten meines Lebens durchwachsen und spannend. Im Rückblick möchte ich nichts missen, aber auch nicht alles noch einmal genauso erleben. Reife braucht Wachstum und unterschiedliches Wetter und den, der alles zu seiner Zeit geschehen lässt. So soll dieses Buch Durchlebtes und Durchlittenes, Sonnentage und Gewittergüsse, Verletzungen und Humor, Biografisches und Zeitgeschichte widerspiegeln und in allem Gottes Größe erkennbar machen.

2.
Zwischen Ängsten, Streichen und Bewahrungen

Meine Kinderjahre erlebte ich – geboren 1938 in Seifhennersdorf/Oberlausitz – während des Zweiten Weltkrieges und danach. Manches ist mir bruchstückhaft in Erinnerung geblieben, anderes habe ich längst vergessen. Ich erinnere mich noch deutlich an den letzten Heimaturlaub meines Vaters.

Vater mit Tochter Christine und Sohn Jürgen (1938)

Mein belgischer Freund Robert (rechts), 1944 ins Lager verschleppt

Letzter Heimaturlaub meines Vaters (1944 in Russland vermisst)

Er trug die Uniform der Wehrmacht. Es waren für Mutter und uns Kinder noch einmal Stunden der Freude und Geborgenheit. Damals wussten wir noch nicht, dass es das letzte Mal war. Nach wenigen Tagen musste Vater wieder in den Krieg ziehen, um für »Führer, Volk und Vaterland« zu kämpfen. Dann, im März 1944 erreichte uns die Vermisstenmeldung aus Russland. Darin hieß es: »Bei den harten Abwehrkämpfen in Jaswin wurde Ihr lieber Gatte am 19. Februar 1944 vermisst.« Und dann folgte der makabre Satz: »So hart Sie das Schicksal über den schmerzlichen Verlust treffen mag, so möge doch die Gewissheit, dass er ein Leben in hartem Ringen um die Größe und den Bestand des deutschen Vaterlandes auf sich genommen hat, ein kleiner Trost sein.« Der Vater kam nie wieder, zurück blieb aber eine Spur dankbarer Erinnerung. Später fragte ich mich: Können Kriegsopfer trösten? Wer hatte eigentlich den Krieg auf sich genommen? Sollte der Sinn des Krieges im Opfertod bestehen?

Die Familie hatte jedenfalls der Krieg zerrissen. Geblieben waren Erinnerungen und Gedichte von ihm und das, was uns die Mutter von Liebe, Gebet und Hoffnung unseres Vaters erzählt hatte. Das letzte Gedicht schrieb Vater am 23. Januar 1944 im Schützengraben, es heißt darin:

Ich habe mich dir, mein Herr und Gott, geweiht
und du bist mein.
Das lässt mich im Dunkel der Zeit nicht allein.
Und was auch immer kommen mag,
ich leb von deiner Gnade Tag für Tag!

Fast zur gleichen Zeit verband mich zum ersten Mal eine Jungenfreundschaft mit einem etwa achtjährigen belgischen Jungen. Ich weiß heute nicht mehr, woher er kam und wer seine Eltern waren. Oft saßen wir nebeneinander auf der Bordsteinkante unserer Straße oder spielten im Garten. Einzelerinnerungen fehlen mir. Ich weiß nur noch, dass wir uns von unseren Eltern und Geschwistern viel erzählten, aber wegen der Sprachprobleme nur die Hälfte verstanden. Das Schönste an unserer Freundschaft war, wenn wir einander den Arm um die Schultern legten und lachten.

Eines Tages kam Robert nicht mehr. Es hieß, er sei mit einem Zug weggefahren. Hinter vorgehaltener Hand sagte man: in ein Lager. Damals wusste ich noch nicht, dass das Lager ein Konzentrationslager war. Robert kam nie wieder und eine kindliche Ahnung begann mir Angst zu machen. Mit dem Schulbeginn 1944 in Zittau nahm diese Ahnung eine zynische Gestalt an, die erste Widersprüche in mir weckte. Die Erwachsenen erzählten sich oft ganz leise und unbemerkt von russischen Vormärschen in Richtung Deutschland. Ausländische Radiosender verbreiteten Meldungen von der Front, die das Gegenteil von dem waren, was Göbbels Nachrichten behaupteten. Von »Endlösung« war die Rede.

Unser erster Klassenlehrer kam immer in SA-Uniform, grüßte uns ganz forsch mit »Heil Hitler« und forderte uns zum gleichen Gruß auf. Um uns Knirpsen das Ganze schmackhaft zu machen, bekam jeder ein schönes Lederkoppel und ein Militärkäppi. Auf dem Schloss des Koppels war der Satz eingeprägt: »Gott mit uns!« Mit wem sollte Gott sein und warum? War Gott damals schon zu einer Marionette größenwahnsinniger Menschen erniedrigt worden? Warum wollte man Gott in Zusammenhang mit dem Krieg bringen? Ich empfinde es heute so: Der Mensch möchte sich Gott immer zum Wunschpartner seiner Vorhaben machen – hilft es nicht, so kann es auch nichts schaden.

Zweimal in der Woche mussten wir am Nachmittag auf dem Schulhof antreten und »Räuber und Gendarm« spielen. Das hieß: Kampf Junge gegen Junge, bis einer Sieger ist, oder: Den Feind in seinem Versteck aufspüren, Hindernisse überwinden lernen und vor allem nicht zimperlich miteinander umgehen.

Stolz durften wir uns »Kükengruppe« der Hitlerjugend nennen. Aber bald schon wurde aus dem Spaß

Ernst. Schrille Sirenen bedeuteten Fliegeralarm. In den Hauseingängen mussten wir Schutz suchen. Fluchtartig liefen Menschen in die Luftschutzkeller und weinten.

Selbst wir Erstklässler begannen die Schrecken eines schon fast verlorenen Krieges zu spüren und fürchteten um unser Leben.

An dieser Stelle will ich dankbar erwähnen, dass meine Mutter mit meiner älteren Schwester Christine und mir jeden Tag treu für uns und unseren Vater gebetet hat. Die Liebe der Mutter und des vielleicht schon verstorbenen Vaters gaben uns die innere und äußere Geborgenheit, um der kommenden Tragödie unseres Volkes – mindestens unbewusst – entgegenzusehen.

Zu Beginn des Jahres 1945 gab es dann einen besonderen Einschnitt in unserem Leben. Mit einer befreundeten Mutter und ihren beiden Kindern aus Ostpreußen kamen wir in einen Flüchtlingszug – ohne Zielangabe. Wenn ich mich recht erinnere fuhren bzw. standen wir ca. fünf Wochen (!) im Zug durchs Egertal in Richtung Bayern. Spärliche Kriegsverpflegung (etwas Brot, ein warmes Getränk, ab und zu eine Suppe und ein paar Kekse), Tieffliegerbeschuss und statt in einem Kinderbettchen schliefen wir Kinder in den Gepäcknetzen. Mangels ausreichender Bewegungsfreiheit dort oben fiel ich natürlich auch einmal hinunter auf die Erwachsenen. Vielleicht hatte ich schlecht geträumt. Aber zum Glück fiel ich sehr weich – in den Schoß der Mütter. Bei allen Beteiligten war der Schreck natürlich groß, aber inzwischen war ja vieles anders als sonst.

Der Zug wurde durch ständiges Anhängen weiterer Wagen immer länger. Die Erwachsenen sprachen von ca. einem Kilometer.

Es waren übrigens Wagen, in denen jedes Abteil eine Tür nach draußen hatte. Einmal passierte es, dass ich an so einer Tür eingeschlafen war und sie sich öffnete. Ich fiel hinaus und rollte etwa sieben Meter einen Hang hinunter. Über dem Zug flogen Kampfflugzeuge. Das bedeutete Lebensgefahr. Aber noch ehe Mutter mir wieder in den Zug – der glücklicherweise stand – helfen konnte, war ich die Böschung schon wieder hinaufgestiegen. Außer ein paar Hautabschürfungen war mir nichts passiert. Ein Arzt wäre ohnehin nicht erreichbar gewesen. Trotz des Schrecks hatten wir erneut ein Wunder mit Gott erlebt. Wie viele Engel mögen da wohl zur Stelle gewesen sein?

Endlich unversehrt in Niederbayern angekommen, überraschte uns das Frühjahrshochwasser der Donau. Unser Flüchtlingszug musste halten, weil keine Gleisanlagen mehr zu sehen waren. Alles stand unter Wasser. War die Donaubrücke noch befahrbar oder hatte sie das Hochwasser beschädigt? Einer der Lokführer wagte es, ungefähr hundert Meter vor dem Zug vorauszugehen – mitten durch reißendes Wasser –, um eine mögliche Weiterfahrt zu erkunden. Es gelang und schließlich kamen wir in Pfarrkirchen an. Von dort aus wurden nun Tausende von Menschen in den umliegenden Dörfern und Städten bei wildfremden Leuten oder in Turnhallen einquartiert.

Uns verschlug es in das kleine, siebzehn Kilometer entfernte Dorf Egglham. Familie Sorg, bei der wir wohnen sollten, betrieb dort eine kleine Molkerei und etwas Landwirtschaft. Mit dem Einmarsch des amerikanischen Militärs endete für uns zwar die ungewollte Reise in ein unbekanntes Land, aber es war und blieb für uns die Fremde. Was war aus Vater geworden? Wir hatten nichts mehr von ihm gehört. Wie würden uns die ungefragten Quartiereltern behandeln? Wie würde es weitergehen und wovon sollten wir leben? Ich kann mich nur noch daran erinnern, dass ich den Wirtsleuten bei der Heuernte half, ab und zu Holz hackte sowie versteckte Hühnereier suchte und fand. Beim Angeln im kleinen Weiher hinter dem Haus fiel ich auch mal ins Wasser – und mit mir die schon geangelten Fische, was diese bestimmt sehr erfreut hat!

Weil es im Dorf zunächst keine evangelische Gemeinde gab, ließ ich mich von den Dorfjungen überreden, in die katholische Kirche mitzugehen. Ich glaube, dass gelegentlich auch meine Mutter und meine Schwester mitgingen. Das fand bei den Leuten des Dorfes Beachtung. Selbst der katholische Pfarrer – kein Kostverächter – schien mich zu mögen, ließ mich gelegentlich kleine Gartenarbeiten machen und gab mir dafür zu essen. Später gab es dann auch ab und zu evangelische Gottesdienste.

Nur in der Schule war es nicht so toll. Eine alte, sehr strenge Lehrerin hatte eine große Vorliebe für den Rohrstock. Ob mangelnder Fleiß, kleine Späße oder harmlose Jungenstreiche – immer hieß es die Hände für besagten Rohrstock hinzuhalten oder, bei schlimmeren Vergehen, sich über die Bank zu legen und sich auf dem Hintern Schwielen abzuholen, sodass das Sitzen danach auf der harten Bank sehr schmerzhaft war und den Heimweg so richtig beschwerlich machte. Was blieb, war künftig ein gewisser Respekt vor der alten Dame, aber auch eine gehörige Portion Wut. Zogen wir die Hände mal weg, sodass die alte »Lady« voll auf die Bank schlug, gab es zwar großes Gelächter, leider aber auch die doppelte Strafe. Dieser »Kelch« ging natürlich auch an mir nicht vorüber. Aber: Alles hat seine Zeit!

Es kam der Spätsommer 1946. Da wurde uns mitgeteilt: Wer noch auf seine zurückgelassene Wohnung Anspruch erheben will, muss bis Ende des Jahres zurückgekehrt sein. Ich weiß noch, dass Mutter lange überlegt hat und dann doch dazu bereit war. Immerhin hieß das, aus der amerikanischen Besatzungszone in die sowjetische zu gehen, nicht wissend, was einen dort erwartete und in welchem Zustand alles sein würde.

Schon im Vorfeld hatte die Rückkehr ihre Tücken. Zunächst ging es für drei Wochen in eine sogenannte Quarantäne nach Regensburg. Ich weiß nicht, was in dieser Zeit erledigt werden musste. Die Verpflegung war für damalige Verhältnisse ganz gut, nur die »Mitbewohner« in Gestalt von mopsfidelen Wanzen – gleich scharenweise – machten uns das Schlafen zur Hölle. An den Bettgestellen marschierten sie auf und ließen von uns nicht eher ab, bis sie von Blut trunken waren.

Von Regensburg ging es weiter. Aber noch lange nicht zurück nach Zittau. Noch einmal mussten wir in eine Quarantäne – in eine russische in Zeithain bei Riesa. Natürliche nächtliche Quälgeister gab es dort nicht, dafür die kleinen Tierchen – genannt Läuse – in den Haaren. Und es gab vor allem Hunger. Von einem halben Liter durchsichtiger Suppe und drei Scheiben Brot pro Tag sollten wir durchkommen. Mit ein paar Jungs aus dem Lager wollten wir Abhilfe schaffen. So machten wir in den Lagerzaun ein kleines Loch, krochen bei passender Gelegenheit dort durch, holten uns ein paar Ziegelsteine und ein Stück Blech und natürlich auch ein paar Kartoffeln vom Feld, um sie dann im Lager auf einem Feuerchen zu kochen. Der Bauer möge mir nachträglich meine Klauerei verzeihen.

Aber auch die Quarantäne hatte ihre Zeit – fünf Wochen. Im Spätherbst 1946 kamen wir endlich wieder nach Zittau. Was wir vorfanden, war eine leer geräumte, kaputte Wohnung. Freunde nahmen uns deshalb zunächst auf und es begann wieder ein neuer Lebensabschnitt. In der Schule gab es zwar keinen Rohrstock mehr, dafür aber nicht wenige Lehrer, die uns die »Befreiung durch die siegreiche Sowjetarmee« verklickern wollten – besser gesagt: mussten. Was ja in einem gewissen Sinn auch stimmte, aber eben nur zur Hälfte.

Endlich gab es wieder ein geregeltes Schulleben, dafür aber Mangel am Notwendigsten. Für achtzig Mark im Monat machte unsere Mutter anfangs bei einer alten Dame Nachtwachen, um tagsüber für uns Kinder da sein zu können. Nur eine ganz große Mutterliebe ist zu so einem Opfer fähig.

In unserer eigenen kleinen Wohnung mussten wir Kinder viel mithelfen. Meine Aufgabe war die eines »Versorgungsministers« der Familie. Auf den Kopfsteinpflaster- und Schotterstraßen damaliger Zeit sammelte ich z. B. Alteisen von den »Klapperkisten« der Nachkriegszeit und verkaufte es für nur wenige Pfennige. In der Nähe unserer Wohnung war auch ein Güterbahnhof, auf dem u. a. Kohlen verladen wurden. Zu unserem Glück war gleich nach dem Bahnhof auf der Straße eine scharfe Kurve. Eine miserable Straße und oft hartgummibereifte Autos sorgten für regelmäßigen Verlust von Kohlen. Dort standen natürlich einige Jungs – in entsprechender »Rangfolge« – um den Kohleschwund aufzusammeln, einzusacken und heimzutragen. Wärme im Herzen dank guter Fundergebnisse und Wärme in den Stuben waren ein lohnendes Ergebnis. Ob die Autofahrer manchmal absichtlich in der Kurve so schnell fuhren, weiß ich nicht, aber ich vermute es.

Weil man aber von Kohlen noch nicht satt wird, mussten auch andere »Versorgungsgänge« erledigt werden. Brunnenkresse und Brennnesseln waren einigermaßen leicht zu beschaffen. Schwieriger wurde es bei Getreide (Ährensammeln), Kartoffeln, Kraut usw. Stehlen hatte uns Mutter ausdrücklich verboten, Hamstertausch bei Bauern entfiel, weil wir nichts zum Tauschen hatten. Also musste ich mich oft mit Hunderten am Feldrand anstellen, um sofort etwas zu erwischen (ein sprichwörtlicher Ausdruck bis in die DDR-Zeit), wenn der Bauer das Feld zum Stoppeln freigegeben hatte. Ich glaube mich erinnern zu können, dass ich an keinem Tag ohne irgendetwas Essbares heimgekommen bin, und sei es, dass ich nur drei Krautblätter oder zwei angehackte Kartoffeln in meinem kleinen Rucksack hatte, dafür aber drei bis fünf Kilometer, meistens barfuß, gelaufen war. Es reichte wieder für einen Tag!

Von den vielen Erlebnissen aus damaliger Zeit möchte ich noch drei erwähnen. Wieder einmal war ich unterwegs, auf der Suche nach einem Feld, das zum Stoppeln freigegeben werden sollte. Unzählige Menschen waren dort schon versammelt, um nach der Freigabe sofort mit der Hacke zuschlagen zu können. Manche nahmen das Zuschlagen sehr wörtlich. Ich stellte mich dazu und wartete. Dann ging es los. Für jeden blieb im Grunde nur ein kleines Stück Land, in der Hoffnung, dort noch ein paar Kartoffeln zutage zu fördern. Dicht neben mir hackte gierig auch eine ältere Frau. Aber sie hackte nicht nur in die Erde, sondern auch mir mit voller Wucht in die Ferse. Das Blut spritzte. Weil sie nichts sagte oder mir half, nehme ich an, dass sie es mit Absicht getan hatte, um mich aus ihrem vermeintlichen Revier zu vertreiben. Die Wunde schmerzte sehr, aber den Platz räumte ich nicht. Die wenigen Kartoffeln des Tages waren also regelrecht »erkämpft«!

Ein anderes Mal fuhr ich mit einem Klassenkameraden Heidelbeeren pflücken ins Zittauer Gebirge auf böhmischer Seite. Das bedeutete, heimlich über die Grenze zu gehen, denn dort am Südhang waren die Beeren besonders groß und süß. Schnell hatten wir unseren Krug voll und wollten uns gerade auf den Heimweg begeben. Da hörten wir es rascheln und knacken. Es waren böhmische Grenzer, die uns entdeckt hatten. Sie machten mit uns nicht viel Federlesen, sondern nahmen die Krüge und schütteten sie aus. Dann forderten sie uns auf, die mühsam gepflückten großen und süßen Beeren zu zertreten. Ich hätte den Grenzern eins in die Magengrube verpassen können, aber das hätte uns nichts anderes eingebracht als eine Woche Kartoffeln zu schälen. Also versuchten wir es lieber nicht und zogen mit leeren Krügen und tränenden Augen ab.

Unserem Haus gegenüber war eine Bäckerei. Mit dem Sohn der Bäckersleute spielte ich oft und gern. Manchmal auch mit einer ganz feinen Märklin-Lok, die ich mal geschenkt bekommen hatte. Genau diese gefiel auch meinem Spielkameraden. Er sagte: »Gib mir die Lok – ich gebe dir dafür ein Brot«. Das kam für mich zunächst überhaupt nicht infrage. Aber Hunger tut weh, manchmal sogar sehr! Also machte ich sehr schweren Herzens den Deal.

Der Hunger veranlasste uns, meine Schwester (11) und mich (9), in den Sommerferien 1947 wegen krasser Unterernährung der Einladung unserer Tante – ebenfalls als Flüchtling nach Niederbayern gekommen – zu folgen. Eine gute Bekannte unserer Mutter brachte uns bis an die Zonengrenze in Thüringen. Dort lieferte sie uns bei einer befreundeten Familie ganz nahe an der Grenze ab. Diese Leute beschrieben uns dann den Weg (besser: die Richtung) aus der russischen Zone in die amerikanische, zuerst durch Wald bis zu einem Weg im Tal. Dort sollten wir warten und uns verstecken bis die Grenzer vorbeigefahren waren. Dann schnell runter über den Weg und den kleinen Grenzbach, den Hang auf der Gegenseite hoch, noch ein Stück laufen bis in das erste Dorf, wo die Tante uns auch schon erwarten würde. Es gab zwar noch keinen Grenzzaun oder gar eine Mauer, aber oben auf dem Hang war ein hoher Lattenzaun.

Wie rannten nach rechts und nach links, aber nirgendwo war ein Loch im Zaun. Also blieb nichts anderes übrig, als ein solches hineinzutreten, denn wir hatten wegen der Grenzer nur noch wenig Zeit. Es tat mir leid, dass ich damals den Zaun so demoliert habe, aber was sollten wir anderes tun? Als dann ein freundlicher Bauer mit seinem Mistwagen vorbeikam, nahm er uns, erschöpft und zugleich erleichtert, mit ins Dorf, und wir fielen der Tante glückselig in die Arme. Auch die schönen Ferien hatten ihre Zeit und wir mussten ähnlich abenteuerlich wieder nach Zittau zurück.

Und noch etwas will ich erzählen, weil es eine Zeit widerspiegelt, die hart, aber manchmal auch besonders schön war. In der Pilzzeit fuhr ich gerne früh um vier Uhr mit der Oybiner Kleinbahn bis zur Teufelsmühle. Dort gab es viele Pilze und wenn man zeitig genug dort war, brachte man ein schönes Körbchen voll nach Hause. Das war dann so gegen sieben bis acht Uhr, jedenfalls noch rechtzeitig genug, um bis acht Uhr in der Schule zu sein. Die Mutter putzte dann die Pilze, sodass ich sie nach der Schule in einem kleinen Laden verkaufen konnte. Der Erlös war nicht gerade üppig, reichte mir aber, um nach und nach Teile für ein Fahrrad sparen zu können. Das komplette Fahrrad war schließlich mein ganzer Stolz, auch wenn junge Leute unserer Tage es auf den erstbesten Schrotthaufen werfen würden. Aber sich etwas selbst zu verdienen war eine gute Grundlage für mein späteres Leben.

Natürlich hatte meine Kindheit auch sehr schöne Seiten. Die Schule überanstrengte mich nicht, sodass Zeit fürs Rumstromern und für Hobbys blieb; zum Beispiel auf dem Heimweg von der Schule. Da wurde kräftig Fußball gespielt. Der Ball bestand aus Knautschpapier, das in alte Lumpen oder Strümpfe eingewickelt und mit Schnipsgummis befestigt war. So ein Ball sprang zwar nicht, war dafür aber Schuhe schonend und in jeder Größe verfügbar. Leider fiel dieser Ball auch schnell mal in einen Garten, was die Besitzer gar nicht lustig fanden.

Außer einem Ball besaß ich auch ein Katapult, so eine Art Steinschleuder. Dieses Gerät war vielfältig verwendbar. In einem nahe gelegenen alten Steinbruch z. B., dort, wo wir Jungen oft rumtobten, machte sich eines Tages unten auf der Sohle eine Armee-Einheit breit. Das konnten wir nicht dulden und schossen deshalb per Katapult Steine auf die mit Wellblech bedeckten Baracken. Die Soldaten machten sofort mobil, überlegten ihr taktisches Vorgehen und wollten uns umzingeln. Sie wussten aber nicht, wo unsere Höhle war, und rannten natürlich vorbei. Mit einem »Abschiedssalut« zogen wir von dannen und kamen unbemerkt nach Hause. Man sagte mir später, dass ich mit meinem Katapult beim Zielschießen auf die Scheiben einer halb verfallenen leeren Fabrik das letzte Fenster getroffen habe.

Mein kindliches Temperament mussten leider auch ganz liebe Menschen, wie z. B. unsere Sonntagsschulhelfer oder Pfarrer und Lehrer ertragen. Für einen Schabernack war ich immer zu haben und Disziplin war wohl auch nicht meine Stärke. So flogen gelegentlich nasse Papierbolzen von Gummigeschossen an die Tafel oder ein Lehrer wurde völlig verunsichert, weil alle Schüler – wie in der Pause ausgemacht – auf eine bestimmte Stelle seiner Kleidung schauten und dabei kicherten.

Als einem Lehrer die Sache eines Tages zu bunt wurde, verpasste er mir und ein paar anderen Mitschülern einen fetten Eintrag im Klassenbuch. Das fand ich nun gar nicht nett. Pech nur für die Lehrer, die es bis heute nicht erfahren haben, dass wir besagtes Klassenbuch noch selbigen Tages in einem Gulli auf der Straße entsorgten.

Trotz aller Streiche haben mir diese Lehrer viel für mein Leben mitgegeben. Wir lernten z.B. in der Sonntagsschule Lieder und Psalmen auswendig, die ich bis heute (fast) fehlerfrei aufsagen kann. Später habe ich meine Christenlehrekinder und Konfirmanden auch Bibelsprüche und Liedverse auswendig lernen lassen und sie ständig mit ihnen wiederholt (sehr in Maßen!), weil ein Mensch in schweren Zeiten »eiserne Rationen« braucht, um überleben zu können.

Meine Lehrer haben mir trotz allem, entweder aus Mitleid oder auf Hoffnung gegründet, meistens ganz passable Noten gegeben. Am schönsten waren freilich die Ferien. Je älter ich wurde, umso mehr wollte ich auch ab und zu etwas Nützliches tun. Am liebsten in der Landwirtschaft, wo es genug zu essen gab. In dem kleinen Ort Drausendorf und später in Kottmarsdorf an der Spreequelle fand ich auf Empfehlung fleißige und fromme Bauersleute, die mir Gutes tun wollten. Und sie taten es an Leib und Seele.

Allerdings erlitt ich in Kottmarsdorf auch einen bösen Unfall. Der Bauer und seine Kinder waren schon mit dem Ochsengespann vor einem Mähbinder auf dem Feld zur Getreidemahd. Ich sollte später mit einem nicht mehr nagelneuen Fahrrad das Frühstück rausbringen. Von Weitem sah ich schon die Ochsen mit dem Mähbinder auf dem Feldweg stehen, während sich die Leute mit den Garben zu schaffen machten. Kurz vor dem Ochsengespann musste ich vom Weg auf das Feld ausweichen. Ich war schon fast vorbei, da erschraken sich die wohl eingeschlafenen Ochsen, rannten los und ich fiel vom Rad. Der Mähbalken fuhr mir ins Rad und der letzte große

Finger des Mähbalkens schürfte an meinem untersten Rückenwirbelknochen entlang. Durch den furchtbaren Schmerz bemerkte ich erst ein wenig später, wie das Blut lief. An »schnelle medizinische Hilfe« war damals natürlich nicht zu denken. Also: Wundreinigung, Hausmittel (ich weiß nicht mehr welche), Gebet und ein paar Tage still liegen – was mir besonders schwerfiel! Außer einer bis heute erhaltenen Narbe wurde alles schnell wieder gut. Unser Gott hatte wohl mit mir noch einiges vor.

Noch etwas ganz Wichtiges gehört zu meiner Kindheitsgeschichte. Ich wuchs zwar ohne Vater, aber dafür mit einer frommen, treu sorgenden Mutter auf. Einmal sagte sie einen Satz, der wohl ihr Motto für mich war: »Deinen Buben, den lass wild sein, Gott, der Herr, der wird sein Schild sein.« Wild und Schild, das kennzeichnete wirklich mein Leben.

Als ich zehn Jahre alt war, ermöglichte Mutter mir und meiner Schwester die Teilnahme an einer Kinderbibelwoche in Kleinwelka. Ich war gespannt, was da so laufen würde. Von den Gemeinschaftsstunden in der Landeskirchlichen Gemeinschaft in Zittau hatte ich nur wenig mitbekommen. Oft schlief ich ein oder das Liederbuch fiel mir aus den Händen. Die Sonntagsschule für uns Kinder – etwa sechzig bis siebzig Kinder jeden Alters – hatte mir schon wesentlich besser gefallen. Aber eine Bibelwoche? Schlafen auf Stroh, spärliches Essen und immerfort in der Bibel lesen – ob das wohl gut gehen würde?

Es ging gut! Nein, es ging sehr gut. An die Inhalte der biblischen Geschichten kann ich mich heute nicht mehr erinnern. Aber an etwas anderes. Bei den vielen Spaziergängen kam der Leiter – er hieß Gottfried Teich – immer mal zu jedem Einzelnen, legte väterlich seinen Arm um unsere Schultern und fragte dann z. B.: »Wie geht es dir? Hast du Jesus auch wirklich lieb? Hast du verstanden, was ich heute Morgen in der Bibelstunde gesagt habe? Bedrückt dich etwas?« Das war kindgemäße Seelsorge vom Feinsten! Diese Bibelwoche und die Gebete der Mutter ließen die Samenkörner des Glaubens in meinem Herzen keimen. Etwa zur gleichen Zeit schenkte uns Mutter eine Bibel, gleichsam vom Munde abgespart. Und dann war der Zeitpunkt gekommen, wo ich zum ersten Mal in meinem Leben Jesus versprach, ihm fortan gehören zu wollen. Von diesem Versprechen bin ich bis heute nicht mehr losgekommen, auch wenn es Tage und Zeiten gab, wo Jesus viel Geduld mit mir haben musste.

Konfirmation 1952 (Jürgen hinter der Großmutter)

Abschluss der 8. Klasse in Zittau 1952 (Jürgen rechts außen 3. Reihe)

So langsam wurde es dann auch Zeit darüber nachzudenken, was ich einmal nach Beendigung der Schulzeit machen wollte. Mein Abschlusszeugnis war doch besser, als ich gedacht hatte. Aber weiter auf der Schulbank herumzuhocken, dazu hatte ich weder Lust noch eine gesellschaftliche Chance als Nichtpionier. Also besann ich mich auf meine gelegentlichen beruflichen »Sandkastenspiele«. Nach den Hungerjahren lag es nahe, Bäcker zu werden. Aus welchem Grund auch immer kam ich etwas später auf Zahnarzt. Aber nach meinem ersten Zahnarztbesuch und dem Bohrer im Mund wurde dieses Vorhaben von meiner Wunschliste gestrichen.

Dann entdeckte ich eines Tages endlich meinen »Traumberuf«: Jauchefahrer! Inspiriert von den Jauchefahrern, die ab und zu vor unserem Haus und anderen Häusern die Klärgruben leerten, mit ihren Pferdegespannen zwischen Häusern und Feldern hin und her fuhren, mich manchmal sogar auf dem Kutschbock mitnahmen und von spannenden Erlebnissen erzählten, war klar: Das will ich auch machen! Ich glaube kaum, dass Mutter davon wirklich begeistert war.

Pferde – meine große Liebe (1953)

Bei einer landwirtschaftlichen Leistungsschau (1953)

Aber schließlich begann ich im August 1952 doch wenigstens eine landwirtschaftliche Lehre in Schlegel-Burkhardtsdorf. Das Bauerngut gehörte mit seinen vierundsechzig Hektar Land nach DDR-Bodenreformmaßstäben in die Kategorie der Großbauern. Die Hofbesitzer waren herrschaftliche, strenge und sehr tüchtige Leute. Es war ein vorbildlicher, vielfach ausgezeichneter Vermehrungs- und Herdbuchbetrieb mit sieben Pferden, ca. dreißig Kühen, Jungbullenzucht und was alles dazugehört. Außerdem gab es viele Arbeitskräfte, darunter fünf Lehrlinge. Das war in Anbetracht einer sehr intensiven Landwirtschaft mit Pflanzkartoffelzucht, Grassamenvermehrung und voller Ausnutzung der Ackerflächen mit Sommer- und Winterkulturen auch notwendig.

Als Vierzehnjähriger musste ich den ganzen Tag über schwer arbeiten, Zentnersäcke auf den Schüttboden tragen, und das im ersten Lehrjahr für fünfzehn Mark im Monat (am Ende des Jahres waren es stolze achtunddreißig Mark). Ich verdanke dem Chef bis heute sehr viel Wissen und Erfahrung. Trotzdem war es manchmal sehr hart.

Obgleich sonntags nie gearbeitet wurde, fragte er mich einmal, ob ich ausnahmsweise das Saubohnengemenge mit den Pferden vor der Haumaschine abmähen würde. (Dieser Arbeitsgang war wegen des Bohnenausfalls sehr vom Wetter abhängig.) Ich tat es und war froh, es bis zum frühen Abend geschafft zu haben. Dann stellte ich die Haumaschine vor den Maschinenschuppen, schirrte die Pferde ab und fütterte sie, wusch mich und ging zum Essen. Der Chef kam und fragte mich, ob ich fertig geworden wäre, die Pferde gefüttert hätte und die

Haumaschine wieder im Schuppen stände. Alles hatte ich ja erledigt, nur die Haumaschine stand noch draußen. Der Chef sagte: »Da traust du dich an den Tisch und bist mit deiner Arbeit noch nicht fertig? Mach, dass du rauskommst, und räum auf!« Natürlich tat ich es mit letzter Kraft und Tränen in den Augen.

Im Juni 1953 wurde ich zum Holzschleppen an den Neißehang geschickt. Auf der Rückfahrt zum Verladebahnhof in Hirschfelde blieb plötzlich ein Auto vor mir stehen und der Fahrer rief mir zu: »Eine Revolution ist ausgebrochen, sieh schnell zu, dass du heimkommst!« Auf dem Hof herrschte bereits große Aufregung. Am 10. Juni gab es in den Städten, u.a. auch in Görlitz, Aufstände, die aber bald gewaltsam niedergeschlagen wurden und mit Inhaftierungen endeten. Der am 17. Juni verkündete »Neue Kurs« war allerdings noch nicht das Ende der Unruhen.

Auch auf unserem Bauernhof kehrte keine Ruhe ein. Während des Abendbrotes hörten wir eines Tages ein Geräusch unter dem Fenster. Eine unbekannte Person hatte offensichtlich den Auftrag gehabt, unsere abendlichen Gespräche abzuhören. Ihren Höhepunkt erreichte die Bespitzelung durch staatliche Kontrolleure eines Nachts in den Ställen. Fremde Männer machten sich an dem Vieh zu schaffen. Der Chef weckte sofort uns Lehrlinge, nahm uns mit in die Ställe und sagte: »Wen ihr erwischt, auf den schlagt ihr ein!« (unser Handwerkszeug waren Äxte!). Zu einem Handgemenge kam es glücklicherweise nicht, wohl aber zu zahlreichen Vergiftungen von Tieren. All diese Umstände und die Scheinheiligkeit, wenn sich der sonst nicht gerade gütige Chef am Sonntag ab und zu mit der Kutsche zur Kirche fahren ließ, brachten die zarten Blätter meines Glaubenspflänzchens zum Welken.

Das zweite Lehrjahr begann ich schließlich im September 1953 bei Familie Albert in Eiserode, Kreis Löbau. Der Betrieb war viel kleiner und einfacher, aber die ganze Art des Umgangs miteinander gab mir Geborgenheit. Morgens nach dem Misten und Melken (mit der Hand) ging es zum Frühstück. Das endete damit, dass der Chef aus der Bibel las und ein Gebet sprach. Erst danach ging es an die Arbeit des Tages. In diesem Haus wurde nicht gefrömmelt, sondern schlicht und einfach fromm gelebt.

Da es in dem kleinen Dorf keine Kirche gab, wurden Bibelstunden und Evangelisationen in der Wohnstube unseres Hauses gehalten. Manchmal fielen mir dabei die Augen zu und ich drehte gedanklich langsam ab. Ich weiß noch genau, wie mich nach solch einem Abend der Prediger ansprach und etwa dies sagte: »Heute warst du bestimmt sehr müde, geh nur jetzt in Ruhe schlafen. Jesus versteht und liebt dich bestimmt.« Das war seit Langem die beste Predigt für mich.

Einmal war im Dorf eine Schrottsammlung. Ich kam an dem Haufen vorbei, sah dort Dinge, die ich für mein Fahrrad gut gebrauchen konnte, und nahm sie mit. Der Chef sah mich kommen und fragte, woher ich diese Sachen hätte. Freudestrahlend sagte ich: »Vom Schrottplatz!« Er fragte mich: »Gehört denn, was dort liegt, einfach dir?« Allein die Frage genügte, um über Eigentum und Diebstahl neu nachzudenken. Solche Kleinigkeiten ließen mein Glaubenspflänzchen wieder wachsen und gedeihen.

Die Lehrzeit ging langsam zu Ende und ich musste über meinen weiteren Berufsweg nachdenken. Dabei half mir ein Lehrer aus der Berufsschule. Er vermittelte mir eine landwirtschaftliche Fachschulausbildung – zuerst ein Jahr in Zittau und dann zwei Jahre in Kamenz. Also doch wieder die Schulbank (es sollte aber noch nicht die letzte sein).

Diese drei Jahre gehörten zu den schwersten meines bisherigen Lebens. Das Lernen machte mir zwar wieder Spaß, aber die politischen Daumenschrauben nervten mich sehr. Vor allem war es die Kamenzer Fachschule, die als »Vorzeigeobjekt« aufgebaut war: militärischer Ton und Umgangsstil, begrenzte Ausgangszeiten, wöchentliche vormilitärische Ausbildung im Gelände – eingeschlossen Schießübungen ... Für mich bedeutete das starke Gewissensbisse, Angst vor Bestrafungen und vor allem kein Ausgang zum Gottesdienst.

Zum Glück war unweit ein Saal der Landeskirchlichen Gemeinschaft. Dort waren am Sonntagabend Gemeinschaftsstunden. Erwartungsvoll ging ich hin in der Hoffnung, ein bisschen Geborgenheit und Liebe zu finden. Die Gemeindeglieder waren auch sehr nett, aber auf ein Gespräch mit mir ließ sich eigentlich nur eine Familie ein. Selten, dass mich jemand fragte, wie es mir ginge, oder mich mal nach der Stunde zum Essen einladen wollte. Und ich konnte diese Menschen sogar verstehen. Die Schule war politisch stadtbekannt und einige vermuteten in mir wohl einen Spitzel.

Ein Mitstudent aus meinem Zimmer wurde dann mehr und mehr zu meinem Freund und Beschützer. Christian war wie die meisten Schüler Mitglied der SED – sogar in der Parteileitung der Schule. Er riskierte es trotzdem, mich über alles zu informieren, was mir ans Bein lief. Einmal warnte er mich ausdrücklich, weil mir eine Inhaftierung drohte. Dabei hatte ich lediglich einen Mitschüler (auch SED-Mitglied) vor dem dunkelroten Direktor in Schutz genommen, obwohl ich ihn wegen eines kleinen Vergehens öffentlich am Schwarzen Brett »runtermachen« sollte. Ich schrieb diesen Artikel ungefähr so: »Im Auftrag des Direktors soll ich den Vorfall wie folgt bewerten ... Meine persönliche Meinung dazu ist anders.« Und dann folgte meine Einschätzung. Einen Augenblick dachte ich, der Direktor macht mich kalt oder lässt mich auf der Stelle abholen. Aber es passierte nichts – wie ich später erfuhr, durch die Einflussnahme anderer Lehrer.

Am Schluss des Studiums wollte mir der Direktor bei der Beurteilung meiner Examensarbeit über die Rentabilität der Pferdehaltung noch einmal eins »reinwürgen«, indem er mir die Note Vier gab. Es war aber Usus, dass der jeweilige Fachlehrer seinerseits ebenfalls eine Beurteilung abgeben musste. Das war in meinem Fall der Dozent für Tierzucht, der meine Arbeit mit einer glatten Eins bewertete. Am Rande sei erwähnt, dass der Direktor überhaupt kein Fachwissen hatte und kurz nach meiner Zeit entlassen wurde. Ob ich daran einen Anteil hatte, weiß ich nicht.

Noch eins muss ich in diesem Zusammenhang berichten. Als ich ein oder zwei Jahre später einmal mit dem Zug nach Hause fuhr, saß ich völlig unerwartet einem ehemaligen Mitschüler gegenüber. Wir unterhielten uns über unsere augenblickliche Tätigkeit. Und da sagte er doch: »Ich fahre die Strecke zwischen Dresden und Görlitz immer hin und her.« Ich fragte ihn: »Warum?« Er sagte: »Ich habe den Auftrag, die Gespräche der Leute mitzuhören und darüber zu berichten.«

Heute wissen wir: Auch dieses System hatte seine Zeit! Der Herr aller Zeiten setzt Anfang und Ende.

Zum ersten Mal stand auch mein Leben unter schweren Belastungen und mein Glaube blieb nicht ohne Anfechtungen. Aber ich wusste auch um eine Schar von Betern, allen voran meine Mutter und meine spätere Frau Brigitte. Sosehr ich an manchen Tagen und in manchen Stunden am Boden war, so dankbar bin ich heute für die Glaubens- und Lebenserfahrungen von damals. Mir wurde dieser Reifungsprozess im Nachhinein zu einer ganz wichtigen Voraussetzung für alle späteren Aufgaben.

3.

Vom gelernten Landwirt zum berufenen Menschenhirten

Meine Lehrzeit bei tüchtigen und erfahrenen Bauern kam mir jetzt sehr zugute. Ich fand schnell das Vertrauen der Einzelbauern wie auch das meiner Dienststelle, zuerst in der MTS Schmölln und später auch in den mir zugewiesenen LPGs. Sosehr mir das Fachliche Freude machte, sosehr missfiel mir zunehmend die ständige Begleitung des sogenannten Instrukteurs von der SED bei allen Beratungen und Entscheidungen. Er war wirklich gutmütig, aber absolut parteihörig und ohne landwirtschaftlichen Sachverstand.

Mit dem Staatsexamen – Fachrichtung Tierzucht – in der Tasche ging es nun endlich wieder in die Praxis. Meine erste Dienststelle wurde die MTS Schmölln, Kreis Bischofswerda. Solche Maschinen-Traktoren-Stationen waren gegründet worden, um landwirtschaftlichen Betrieben die Arbeiten technisch zu erleichtern, bzw. eine geplante Großflächenbewirtschaftung vorzubereiten. Obgleich in Tierzucht ausgebildet, sollte ich gleich zu Beginn als Agronom eingesetzt werden. Meine Aufgaben waren vor allem: Flurvermessungen, Bodenwertbestimmungen, Fruchtfolgeberatung, Vermehrungskulturen-Kontrolle usw. Ehrlich gesagt war das ein ganz gemütlicher Job ohne Stress und Ärger. Da blieb mir auch – zumindest in den Abend- und Nachtstunden – Zeit, Bauern zu helfen, die es allein nicht mehr schafften. Da mir Traktoren und Technik zur Verfügung standen, habe ich so manches Feld umgeackert, Getreidefelder gemäht und sogar auch einmal Jauche gefahren!

Darüber hinaus blieb mir noch genügend Zeit, die Junge Gemeinde (JG) und den Gottesdienst zu besuchen. Im Kreis der JG waren ein Bauernsohn, der junge Vorsitzende der LPG (Landwirtschaftlichen Produktionsgenossenschaft) und die Gastwirtstochter die tragenden Säulen. Aber auch der sehr patente Pfarrer und spätere Missionar hat uns sehr geprägt. Themen wie Beruf, Bibelverständnis, Liebe, gesellschaftliches Verhalten spielten oft eine Rolle. Mit dem jungen Absolventen der LPG-Hochschule und damaligen Vorsitzenden verband mich mit der Zeit eine herzliche Freundschaft. Leider verunglückte er bei einer Dienstfahrt tödlich, weil er nachts in einer Kurve auf ein unbeleuchtetes Russenauto aufgefahren war.

So wie er war auch ich gelegentlich auf Achse, um z.B. Heu für die Tiere ranzuschaffen. So fuhr ich im Spreewald von einem Dorf zum anderen und kaufte das harte und nicht besonders eiweißreiche Heu auf, um es Tage später von Lkws holen zu lassen. Erstaunlicherweise scheiterten solche Aktionen nie am Geld meiner Dienststelle. Im Gegenteil: Der Chef war über meine Initiative stets erfreut. Sogar mit einer »fetten« Jahresendprämie von siebzig Mark (für damalige Verhältnisse wirklich ganz ordentlich) als Nichtparteigenosse wurde ich schon im zweiten Jahr belohnt. Vielleicht lag es auch an meinem unmittelbaren Vorgesetzten, einem schon älteren, aufrichtigen und frommen Menschen, der sich gleich zu Beginn als Christ zu erkennen gegeben hatte und mich sehr unterstützte.

Bald ging dann meine Zeit als Agronom zu Ende. War es ein Aufstieg oder eine Notlösung (wohl eher das Zweite) – jedenfalls wurde ich als landwirtschaftlicher Ökonom beim Rat des Kreises Bischofswerda für die Übernahme verlassener oder arbeitsunfähiger bäuerlicher Betriebe eingesetzt. Jetzt bestand meine Aufgabe darin, Bauernhöfe mit allem lebenden und toten Inventar zu erfassen, preislich einzustufen und mit den zu zahlenden Bodenanteilen zu verrechnen. Da zu dieser Zeit Fuhrpark und Technik der MTS noch nicht ausreichend waren, konnte ich fast alles Vorhandene übernehmen und bewerten. Ich muss gestehen, dass meine finanziellen Einstufungen – besonders bei vielen kleinen Betrieben – sehr wohlwollend waren und beträchtliche Auszahlungen an die Bauern ermöglichten. Meine Bilanzen legte ich einfach der Abteilung Finanzen beim Rat des Kreises vor und diese bestätigte sie anstandslos. Auf diese Weise konnte ich manches Gute tun. Als ich etwa vierzig Jahre später einen alten Bauern bei einer kirchlichen Veranstaltung wieder traf, sagte er: »Wissen Sie noch, wie Sie damals meinen Hof in eine LPG übernommen haben? Sie waren so verständnisvoll und einfühlsam – das hat uns gutgetan.«

Die Sache mit den LPGs spitzte sich weiter zu. Was bisher als Angebot gedacht war, bewegte sich nun schrittweise auf die Zwangskollektivierung zu. Viele Bauern hielten dem ständigen Druck – oft unter Androhung von Gefängnis bei Verweigerung – nicht stand und gingen in den Westen. Andere sahen keinen anderen Ausweg, als nachzugeben und ihren Betrieb für »einen Appel und ein Ei« abzugeben. Viele Tränen sind damals geflossen und mancher nahm sich sogar das Leben.

Die Zwangskollektivierung bedeutet eine fast vollständige Umgestaltung der Landwirtschaft: Großflächenbewirtschaftung, oft über mehrere Dörfer hinweg, Viehhaltungszentralisierung, ein zentrales Leitungsprinzip, zunehmende Interesselosigkeit durch Enteignung und damit ein Stück Entmündigung bäuerlichen Lebens. Zwar gab es auch Gewinnausschüttungen, geringfügige Entschädigungen für eingebrachtes Inventar und einen kleinen Rest individueller Fläche und Viehhaltung.

Kurz nach dieser oft unmenschlichen Zwangskollektivierung – nachts manchmal mit hellen Scheinwerfern und lauter Musik im Hof – hatten wir eine Sitzung in der Gaststätte der Eltern unserer Chefsekretärin. Sie nahm mich dort beiseite und informierte mich über die geheimen Pläne der Umgestaltung der Landwirtschaft. Es sei beschlossen worden, mich im Falle einer Verweigerung der Mitarbeit nach Mecklenburg strafzuversetzen (als wäre Mecklenburg eine Bestrafung!). An diesem Abend wurde mir aber auch klar, dass ich diesen Weg aus Gewissensgründen nicht mitgehen konnte, zumal es eigentlich keine ökonomische, sondern eine politische Entscheidung war. Mir kam damals zu Ohren, dass ein Regierungsmitglied einen Oberkirchenrat nach seiner Meinung dazu gefragt habe, und dieser soll sehr klug und sachgemäß geantwortet haben: »Entweder ihr opfert die Ökonomie für die Ideologie oder die Ideologie für die Ökonomie, einen anderen Weg gibt es nicht.«

Ausgebildet für die Tierzucht entschloss ich mich nun zu einem veterinärmedizinischen Studium. Ich bewarb mich also an der Humboldt-Universität in Berlin und bekam sehr bald und völlig überraschend eine Zusage. Sogar mit der Option, aufgrund meiner Vorbildung sofort ins dritte Semester einzusteigen. Ich traf alle Vorbereitungen, hatte aber doch ein komisches Gefühl. Dieses sollte mich nicht täuschen. Denn genau zwölf Tage vor Studienbeginn kam aus Berlin ein anderthalbzeiliges Schreiben etwa folgenden Inhaltes: »Es tut uns leid, unsere Zusage aus gesellschaftlichen Gründen zurückziehen zu müssen.« Ein paar Tage später fragte mich mein Chef, ob ich Post aus Berlin bekommen habe. Ich bejahte das und nannte ihm den Inhalt. Er sagte: »Das hast du leider mir zu verdanken, denn ich wurde von der Uni aufgefordert, eine gesellschaftliche Beurteilung deiner Person nachzureichen, die ich zunächst bewusst weggelassen hatte.« Irgendwann bot man mir dann an, mich bei der veterinärmedizinischen Militärakademie in Greifswald zu bewerben – mit einer zehnjährigen Armeeverpflichtung.

In diesen etwas turbulenten Wochen halfen mir nicht die gut gemeinten Andeutungen meines Chefs hinsichtlich Beförderung und Karriere, nein, da sprach Gott zu mir wie schon einige Male zuvor, nur mit dem Unterschied, dass sein Reden jetzt eine klare Berufung war, sein Diener und Prediger zu werden. Zuerst bewarb ich mich für ein Theologiestudium am Theologischen Seminar (früher Missionshaus) in Leipzig und erhielt auch sofort die Einladung zu einem Vorstellungsgespräch. Der altehrwürdige Professor Ihmels führte das Gespräch sehr intensiv. Die Ampel stand bald auf »Grün«. Nur eins wollte er mir noch klarmachen: Es sei nicht üblich, dass die Studenten schon verlobt oder gar verheiratet seien. Der Grund für diesen Hinweis war, dass ich mich 1958 mit meiner heutigen Frau verlobt hatte. Nach einer »Brautschau« war aber auch diese Hürde genommen. Sechs Jahre haben wir dann wacker gekämpft, um endlich in der Examenszeit rein in die Ehe gehen zu können. Bereut haben wir es nie.

Verlobungsurlaub 1958 bei Verwandten

4. Studentenzeit in Leipzig

Meine Ankunft in Leipzig am 1. September 1959 war voller Spannung. Wie werde ich empfangen? Wo werde ich wohnen? Was werden meine Mitschüler für Typen sein? Werde ich mich als Dörfler in der Stadt wohlfühlen? Und werde ich ein akademisches Studium überhaupt packen? Bisher war ich auf der beruflichen Erfolgsleiter schon ein paar Stufen hochgestiegen. Jetzt wieder ganz unten beginnen?

Studentenmannschaft der Theologen (1961)

Finanziell war es ein totaler Einbruch von einem guten Einkommen zu einem bescheidenen Stipendium, aber immerhin ein froher, erwartungsvoller Neubeginn. So schwer mir der Abschied von der geliebten Landwirtschaft fiel, so erleichtert waren Herz und Gewissen. Auch die Wahl zwischen einer Uni und dem Theologischen Seminar fiel mir leicht, weil ich mich fortan in einem »Schutzraum« unserer Kirche gut aufgehoben wusste, herausgefordert in dem Wissen, dass Gott mich berufen hatte. Zwar wuchs der Berg der Aufgaben immer höher, aber dank vieler guter Lehrer und Gottes Hilfe wurde es auch immer spannender und inhaltsreicher. Die alten Sprachen Latein, Griechisch und Hebräisch fielen einem Landwirt nicht ganz leicht, zumal auch ohne Abitur. Aber sowohl das große Latinum als auch das große Graecum schaffte ich besser als erwartet, sogar das Hebraicum wurde kein Reinfall.

Einige Lehrer haben einen besonderen Eindruck bei mir hinterlassen: Herr Schulze mit seinen hervorragenden Geschichtskenntnissen und seiner menschlich-seelsorgerlichen Art. Herr Nuschke, der im wahrsten Sinne des Wortes mit seinem Latein nie am Ende war, aufrecht wie eine alte deutsche Eiche. Später natürlich Herr Gottfried Voigt, der Vollblut-Lutheraner und brillante Prediger. Herr Hegermann, der immer einen Schal tragende Neutestamentler, Herr Steyer, der Sprachenexperte und bescheidene Freund junger Leute. Nicht vergessen werden darf Herr Hermann mit einer einfühlsamen, fast mitleidenden Art, wenn uns Studenten die Tiefgründigkeit seiner alttestamentlichen – und natürlich hebräischen – Gedankengänge nicht gleich klar wurde, Herr Max Schönfelder, genannt der »kleine Max«, der die Philosophie beherrschte, als wäre sie die einfachste aller

Übungen. Herr Schöne, genannt der »schöne Willi«, für den Griechisch wie ein Sternenhimmel in der Nacht war. Diese namentliche Nennung soll keineswegs die übrigen Lehrer zur zweiten Garnitur erniedrigen (von jedem gäbe es eine Story zu erzählen!), aber besonders prägend waren für mich die genannten.

Ein Lehrer darf freilich nicht unerwähnt bleiben, weil er der Einzige war, der während seiner Vorlesung einmal eingeschlafen ist. Sein Lehrfach war das spannendste aller Fächer, nämlich Kirchenrecht, und seine Vorlesungszeit war zwischen 14 und 15 Uhr (seinen Namen lasse ich anstandshalber hier weg). An besagtem Tag wurde seine Stimme immer leiser und langsamer, bis es ihm den Kopf auf die Seite warf und das Schweigen einzog. Unbarmherzige Studenten, die wir waren, schauten wir uns an und schlugen auf Kommando mit den Händen lautstark auf die Bänke. Der arme Mann am Pult schreckte auf und fragte: »Wo waren wir gleich stehen geblieben?« Damit habe ich dieses Thema auch ausreichend behandelt.

Inhaltlich war die Ausbildung sehr sinnvoll aufgeteilt: Die ersten drei Jahre waren vorwiegend mit den humanistischen Fächern belegt und die restlichen vier Jahre mit den vielfältigen theologischen Disziplinen. So konnten beide Ausbildungsabschnitte sehr konzentriert bewältigt werden.

Als pietistisch erzogener Mensch wurde ich nun zum ersten Mal mit der sogenannten »modernen Theologie« konfrontiert. Bultmann, Ebeling, Braum und andere waren mir mit ihren theologischen Aussagen völlig neu und mindestens verdächtig. Entmythologisierung war für mich geradezu ein rotes Tuch. Wie konnte man eigentlich zwischen dem historischen Jesus und dem kerygmatischen Christus unterscheiden? Endlos viele Gedanken tauchten plötzlich auf, von denen ich bisher nichts gehört, geschweige denn verstanden hatte. Musste denn fast alles, was mir bis zu dieser Stunde wichtig und heilig war, jetzt infrage gestellt werden? Wer hatte nun recht und was sollte ich einmal der Gemeinde predigen?

Vieles ging mir durch den Kopf und mein kindlicher Glaube, der schon durch manches Feuer der Bewährung gegangen war, begann zu schwanken. Ich entschied mich aber schließlich, kritisch und zugleich konstruktiv an die Sache ranzugehen. Heute bereue ich es überhaupt nicht, dass ich zunächst positiv den Stier bei den Hörnern gepackt habe. Zum einen wollte ich doch genau wissen, was die »modernen Theologen« wirklich sagen und wollen, und zum anderen versuchte ich das herauszufinden, was mir zum besseren Verstehen der Bibel hilfreich sein konnte. Diese Herangehensweise bewahrte mich vor geistlichen Scheuklappen und machte mich trotzdem meines kindlichen Glaubens gewisser. Ich blieb und wurde mehr und mehr ein fröhlicher, pietistischer Lutheraner, den nicht die Angst vor möglichen Irrlehren umtrieb, sondern die Freude, den Ursprüngen und großen Zusammenhängen des Wortes Gottes auf die Spur zu kommen. Mir wurde ebenso klar, dass alles menschliche Erkennen und Wissen Stückwerk ist und das Vollkommene immer noch gläubig erwartet werden darf. Wichtig ist nicht zuerst, was wir denken und mit dem Maß unserer Klugheit messen, sondern was Gott uns verheißen hat und sein Geist uns zu erkennen lehrt. Auch theologisches

Denken kann weder die Heilige Schrift außer Kraft setzen noch ergänzen.

In besonderer Weise war mir am Ende des Studiums das Thema meiner Examensarbeit wichtig: »Biblische Rechtfertigung in kontroverstheologischer Sicht«. Gottfried Voigt hatte mir diese Thematik zugemutet. Einen größeren Gefallen hätte er mir kaum tun können. Richtete er doch damit meine Aufmerksamkeit auf das Herzstück unseres Glaubens und forderte mich zudem heraus, das katholische Rechtfertigungsverständnis zu studieren und mit dem evangelischen zu vergleichen. Nachdem ich die protestantische Lehre dazu sehr intensiv studiert hatte, ging ich zu den Leipziger Jesuiten, später auch zu dem katholischen Wissenschaftler Dr. Baehr, um Authentisches über deren Verständnis der Thematik zu erfahren. Dr. Baehr war übrigens ein profunder Kenner der »Weimaraner« und damit der lutherischen Lehre. G. Voigt war jedenfalls mit dem Ergebnis meiner Arbeit recht zufrieden und mir wurde es zu einer großen Hilfe im späteren Verkündigungsdienst.

Im Rückblick auf meine Leipziger Studentenzeit sind mir ein paar fundamentale Eckpunkte des Glaubens ganz wichtig geworden und bis heute geblieben:

1. Die großen Taten Gottes in der Geschichte, über die zu staunen ich bis ans Lebensende nicht fertig werde.
2. Die Liebesbeweise Gottes zur Rettung der Welt, von den Propheten bis hin zu Jesus Christus.
3. Das Geheimnis des Opfertodes von Jesus, auch für mich, ohne all mein Verdienst und Würdigkeit!

4. Die vielen Verheißungen Gottes bis zum Ende der Zeit (vor allem auch das Wort zu meiner Einführung in Annaberg: »Meine Gnade ist alles, was du brauchst. Meine Kraft zeigt sich in deiner Schwäche«– 2. Korinther 12,9).
5. Der tröstliche Zuspruch: »Denn bei Gott ist nichts unmöglich« (Lukas 1,37 – mein Konfirmationsspruch).
6. Die biblischen Schätze der Weisheit und Erkenntnis Gottes, als Lebenserfahrung biblischer Männer und Frauen bis hin zur realen Erwartung des wiederkommenden Herrn.
7. Die durch Jesus Christus angstfrei gewordene Erwartung des Letzten Gerichtes.
8. Die von Jesus so vielfältig ausgesprochene Einladung der Sünder an seinen Tisch im heiligen Abendmahl und in sein Reich.
9. Das Geschenk der heiligen Taufe als Eingliederung in den Leib Christi – ohne Vorleistung und Verdienst.
10. Das vierfache *solus* (allein) der Reformatoren: allein die Schrift, allein Christus, allein aus Gnade, allein durch Glauben.

Alles liegt bei *ihm*, unserem dreieinigen Gott. Wir selber sind keine Heilsbereiter (etwa durch Werke, Leistung oder Kultus), wir sind immer nur Heilsempfänger und nicht mehr als beschenkte und für würdig befundene Zeugen und Mitarbeiter unseres Herrn. Keine Macher und keine Besserwisser, wohl aber »Spurläufer unseres guten Hirten«, ihm zur Ehre und anderer Menschen zum

Segen. Dabei habe ich längst nicht alles aufgezählt, was mich meiner Berufung froher und gewisser gemacht hat.

Ursprünglich war es mein Wunsch gewesen, in die Missionsarbeit zu gehen. Damals gab es im südöstlichen Teil Indiens ein Seminar für junge Menschen, die dort eine Art Bibelschule besuchten und in der Landwirtschaft angelernt wurden, um in ihren Heimatdörfern die Familien ernähren zu können. Ich weiß die Einzelheiten nicht mehr, nur noch den Namen der schon betagten Leiterin: Luise Fröhlich. Dort tätig zu werden als Theologe und gelernter Landwirt hätte ich mir gut vorstellen können. Aber Gottes Absicht und die politischen Verhältnisse führten mich in eine andere Richtung, nämlich in ein Gemeindepfarramt.

In Leipzig wohnte ich die längste Zeit in Schleußig bei einer »Schlummermutter«, wie sie im Buche steht (so nannten wir jedenfalls unsere Wirtin). Sie hatte ein offenes Haus und ein ebenso offenes Herz und war für jede Hilfe dankbar.

In ihrer Wohnung hatte sie stets 3-4 Studenten zur Untermiete. Bekamen diese mal Besuch, stellte sie ohne viele Worte ihr eigenes Schlafzimmer zur Verfügung. Und in den Messezeiten schlief sie als über 80-Jährige sogar nachts im Keller.

Meine »Bude« war eine Vielzweckwohnung von dreizehn Quadratmetern: Wohnstube, Arbeitszimmer, Waschnische und ein Schrankbett. Das Ganze in einer Mansarde. Allein ging das schon, aber nach unserer Verheiratung 1964 wurde es doch etwas eng.

Dort in der Gemeinde Schleußig sollte ich auch mein Lehrvikariat ableisten. Das war ein wunderbares Jahr. Mein Lehrvikariatsvater schonte mich, um mir Zeit zu lassen für das, was ich noch ein wenig nacharbeiten wollte. Allerdings gehörte nun auch schon eine erste Trauerfeier auf dem Südfriedhof zu meinen Aufgaben.

Gut vorbereitet und pietätvoll betrat ich also den Friedhof. Da kam auch schon so ein Typ auf mich zu und fragte: »Bist wohl neu hier?« Schüchtern bejahte ich seine Frage, wusste aber nicht, mit wem ich es eigentlich zu tun hatte. Das sollte ich aber gleich erfahren, als er mir eine zweite Frage stellte: »Auch wer und was?« Ich dachte: »Der Typ tickt nicht so ganz richtig«, und schaute ihn ratlos an. »Na«, sagte er, »›Wer weiß, wie nahe mir mein Ende‹ und ›Was Gott tut, das ist wohlgetan‹.« Dann fügte er noch hinzu: »Aber pass auf, du kannst nur fünfzehn Minuten reden, dann geht ein rotes Lämpchen an deinem Pult an und zwei Minuten später verschwindet der Sarg nach unten.«

Ich versuchte, die Spielregeln einzuhalten. Aber kaum hatte ich »Amen« gesagt, da kam ein Mann nach vorne und begann mit einem Nachruf für seinen verstorbenen Genossen. Und da passierte es. Die Zeit lief ab, das rote Lämpchen leuchtete und der Sarg bewegte sich nach unten – aber nur ein Stück. Dann klemmte irgendetwas. Die Angehörigen traten betroffen näher, bis plötzlich der Sarg mit einem lauten Knall nach unten krachte. Der Redner ließ sich davon kaum beirren, nahm den Text seines Verschens wieder auf und ich stand hilflos daneben, bis ich genug hatte und herausging. So fing also mein Vikariat an.

Eine andere Episode war nicht weniger aufregend. Ich sollte gleich am Anfang eine Konfirmandengruppe der achten Klasse übernehmen – circa fünfundzwanzig Großstadtkerle und -mädchen. Konfirmandenunterricht – darauf hatte ich mich gefreut, zumal ich in Sachen Jugendarbeit nicht ganz unerfahren war. Die ersten Stunden liefen auch prima. Aber ich ahnte schon, dass irgendwann mal die Feuerprobe kommen würde.

Es war wieder Konfirmandenstunde, aber die Türe zum Gemeindesaal war zu. Allerdings hörte ich hinter der Türe hämisches Gelächter. Erst versuchte ich, sie doch irgendwie zu öffnen, dann bat ich die Konfirmanden ganz freundlich, den Spaß zu beenden – vergeblich. Ich wartete eine Weile ab und dann riss ich die Tür mit aller Gewalt und für die Konfirmanden überraschend auf. Als Erster hinter der Türe stand der Längste und Kräftigste. Ohne Vorwarnung und langes Blabla holte ich aus und gab dem langen Lulatsch eine wahrhaft deftige Ohrfeige. Die Folge war bei den Konfirmanden Betroffenheit, bei mir Angst vor den Konsequenzen und bei dem Langen, dass er mir mit der Polizei drohte. Am Abend kam, was kommen musste. Es klingelte an meiner Tür und draußen stand der Vater des Jungen. »Was haben Sie heute mit meinem Sohn gemacht?«, fragte er. Ich beschönigte nichts und entschuldigte mich. Aber der Vater sagte: »Nein, ich möchte mich bei Ihnen bedanken. Endlich hat er mal gespürt, dass es so mit seiner Dreistigkeit nicht weitergeht.« Mein Dankgebet fiel an diesem Abend besonders herzhaft aus und der Konfirmand war von dem Tag an »mein bestes Pferd im Stall«, stets freundlich und hilfsbereit.

So schön das Leben eines Studenten und Vikars war, finanziell war es nicht gerade eine üppige Zeit. Arbeiten hatte ich von klein auf gelernt, also ging ich, sooft es die Zeit erlaubte, jobben. Dabei lernte ich viele Leute kennen, konnte mich nach Lust und Liebe nützlich machen und meinen Haushaltsetat aufbessern. Ich erledigte Arbeiten wie Einkellerungskartoffeln in die Häuser bringen, Transformatoren streichen, Löcher für Lichtmasten schachten, ein Moorbeet im Botanischen Garten anlegen, alten Leuten helfen und nachts Waggons auf dem Bahnhof ausladen.

Bei Letzterem traf ich ein besonderes Völkchen. Unter anderem war dort auch ein älterer Mann, dem die Arbeit sichtlich schwerfiel. Wir kamen ins Gespräch und er sagte mir: »Ich war SED-Genosse und habe in der Parteiversammlung einmal die Frage gestellt: ›Stimmt es eigentlich, was die Leute so erzählen, dass unser Genosse Ulbricht in Leipzig ein Bordell hatte?‹ Da haben die mich ein paar Wochen eingesperrt und nun muss ich hier arbeiten.« Kaum zu glauben, zumal er nicht mal eine Antwort bekommen hatte.

Auch unter den Studenten waren ganz verschiedene Typen. Einer aus dem Berliner Raum hatte beim Lernen seine Schwierigkeiten. Einmal sagte er, optimistisch lächelnd: »Wenn ick det Akademische erst mal jefressen habe, denn flutschts bei mir.« Leider traf diese Erwartung nicht ein und er musste das Studium beenden.

Ach ja, da gab es im Speisesaal des Missionshauses auch eine betont adlige Hausdame. Sie hieß mit bürgerlichem Namen Frau von Horn, von uns Studenten schlicht und einfach »Hornisse« genannt. Bei besonderen

Anlässen trug sie weiße Stulpenhandschuhe und rauchte genüsslich eine Zigarette auf einer langen Spitze. Sie war die Chefin der Wirtschaftsführung, hatte ihre »Günstlinge« als Gesellschafter zum Kaffeeklatsch am Nachmittag oder zu einem gemütlichen Abend bei einem Gläschen Wein. Sie war stets bei den Mahlzeiten im Speisesaal anwesend. Nun muss man wissen, dass zu einem frommen Haus natürlich auch ein Tischgebet gehört. Das sprach in der Regel ein Senior (Studentensprecher eines Kurses). Eines Mittags stand bereits das Essen auf dem Tisch, aber keiner betete. Da fragte die Hausdame: »Ist denn kein Senior da, der beten kann?« Als könnte nicht jeder Theologiestudent wenigstens beten!

Was folgte, war ein weniger andächtiges Gebet und eine sehr fröhliche Mahlzeit!

Manchmal waren im Missionshaus auch Missionare auf Heimaturlaub zu Gast. Als wieder einmal einer zu Besuch war, wollten wir Studenten eine Story aus seiner Arbeit in Papua-Neuguinea hören. Er erzählte uns unter anderem, dass es dort immer noch gelegentlich Kannibalen gäbe und auch die Missionare in Gefahr wären. Als Mittagessen gab es an diesem Tag gerade Kartoffeln und Kraut mit Hackfleisch geschmort. Da es dieses Gericht öfter gab, hieß es bei uns Studenten ab sofort: »Gehackter Missionar«! Lustig, wenn auch recht makaber.

Übrigens gab es für die Abfolge der Mittagsgerichte ein geflügeltes Sprüchlein: »Montags Nudeln, dienstags Fleisch, mittwochs Eintopf – immer gleich, donnerstags gibt's eine Wurst, freitags Bratfisch – oh, der Durst!« Ja, das Studentenleben war nicht nur theologische Quälerei, es war auch hin und wieder Wellness für Leib und Seele!

Um mein Stipendium etwas aufzubessern, verdiente ich mir gerne bei der Leipziger Messe ein paar Groschen dazu. Ich arbeitete als Parkplatzwächter zwischen Thomaskirche und Paulaner. Nach drei Jahren stieg ich sogar auf als kleiner »Parkplatzchef«. Es wäre ein Buch für sich, wollte ich auch nur ansatzweise all das berichten, was sich dort Aufregendes zutrug. Nur zwei Erlebnisse seien hier genannt.

Da ich mich immer für die Nachmittagschicht von 14 bis 22 Uhr einteilen ließ, hatte ich vormittags noch genügend Zeit zu schauen, wie ich mich für einen kleinen Obolus nützlich machen konnte. Nun gab es auf der Messe viele »Messeonkels« (wie wir die westlichen Aussteller nannten), die mich immer mal um kleine Gefälligkeiten baten. Einer fragte mich, ob ich ihm sein schönes, großes Auto am Vormittag putzen würde. Natürlich nahm ich den Auftrag an und ließ das Auto ein bisschen an den Rand fahren, sodass es nicht gleich gesehen werden konnte.

Als ich eine Weile geputzt hatte, bemerkte ich, wie ein jüngerer Mann in meiner Nähe herumschwänzelte und mich genau beobachtete. Dann kam er näher und fing sehr plump ein Gespräch an: Schönes Auto, was gibt der Schlitten her, wie viel Sprit frisst der denn ...? Ich erkannte sofort, dass der Mann nicht zufällig vorbeigekommen war und mich wohl für den Fahrer eines »Messeonkels« hielt. Als er dann sogar fragte, was mein Chef beruflich mache und ausstelle, was ich bei ihm verdiene, ob ich eine geregelte Arbeitszeit habe und Ähnliches, wurde es mir ungemütlich. Ich hatte mir ja bisher alle Antworten nur ausgedacht und sie geschickt verpackt. Als er dann aber auf den Punkt kam und sagte, er könne mir einen besser bezahlten Job anbieten, ob ich nicht in der DDR bleiben wolle, da wurde es höchste Zeit, mich aus dem Staub zu machen. Ich ließ den Mann stehen, machte mich vom Acker und warf ab und an einen Blick zurück, ob er mir etwa folgte. So weit, so gut.

Am Nachmittag musste ich aber wieder auf diesem Parkplatz meinen Dienst antreten. Ich dachte, ich sehe nicht recht, da kam der Typ doch wieder. Ich konnte meinen Kollegen nur noch sagen, dass ich mal schnell wegmüsse. In einiger Entfernung wartete ich so lange, bis der Spitzel abzog. So hatte ich für zehn Mark einigen Spaß, aber auch einige Manschetten gehabt!

Da unweit von diesem Parkplatz das Untergrundmessehaus war, wo Lebensmittel, Obst und Getränke ausgestellt wurden, fiel natürlich manchmal etwas für mich ab – nicht sehr viel, aber immerhin. Unter den Ausstellern war auch ein Sizilianer mit einem fetten Mercedes. Geizig und anspruchsvoll. Es war im März 1966. Da schickte doch der liebe Gott solch einen Schneesturm vom Himmel, dass am Abend nach Messeschluss alle Autos eingeschneit waren. Auch das meines »Freundes« aus Sizilien. Er kam und wollte, dass wir Parkplatzwächter sein Auto freischaufelten. Aber jetzt hatten meine Kollegen und ich den Trumpf in unserer Hand. Wir sagten ihm ganz klar, dass das nicht ginge, und fügten hinzu: »Jetzt nicht!« Da klingelten bei ihm wohl die Glocken und er gab jedem von uns eine Apfelsine. Die machte uns aber noch längst nicht heiß. Er begriff das sehr schnell und holte eine ganze Tüte voller Apfelsinen. Ich sagte ihm, eine Stunde müsse er schon noch warten, dann werde der Betrieb nachlassen. Zum

Glück hatte er kein Handwerkszeug zur Selbstbefreiung bei sich. Er wäre aber kein Sizilianer gewesen, wenn er nicht spätestens jetzt gemerkt hätte, wie man Geschäfte machte. Es dauerte gar nicht lange, da schleppte er endlich eine volle Kiste Apfelsinen an. »Na also!«, sagte ich und gab meinen Kollegen den Auftrag, ans Werk zu gehen. Nach wenigen Minuten konnte unser »Freund« losfahren und die Beute wurde brüderlich geteilt. Zwei Monate später erwarteten meine Frau und ich unser erstes Kind. Mit Gottes Hilfe und ein bisschen Nachhilfe unsererseits war der Vitaminstoß für unser Kind jetzt also gesichert!

Mit Leipzig verbinden sich für mich noch weitere, sehr wertvolle Begegnungen. Vor allem in der Landeskirchlichen Gemeinschaft und besonders im dortigen Jugendkreis mit etwa sechzig jungen Leuten, viele von ihnen Studenten verschiedener Fachdisziplinen. In den ersten zwei Jahren nahm ich nur teil, dann wurde ich für fünf Jahre zum Leiter gewählt. Unvergessen sind mir die Abende. Bibelarbeiten, lebhafte Gespräche, viel Singen und an den Wochenenden Ausflüge in die nähere und weitere Umgebung von Leipzig. Manchmal zu Fuß, manchmal mit Fahrrädern oder Motorrädern. Auch Abendspaziergänge von einer Eisdiele zur anderen gehörten dazu. Manchmal schlenderten wir als kleines Grüppchen in der Adventszeit über den Weihnachtsmarkt, gewannen eine Flasche Wein und genossen diese dann in einer Studentenbude.

Ab und zu übten wir außerdem Verkündigungsspiele ein und zogen damit durch Städte und Dörfer. Im Sommerhalbjahr waren wir des Öfteren zu Wochenendrüstzeiten oder Bibelfreizeiten auf Achse, aber auch ganz spontane Treffen in geselliger Runde kamen nicht zu kurz.

Überhaupt war mir die Landeskirchliche Gemeinschaft in den Leipziger Jahren zur Heimat geworden. Ob die Gemeinschaftsstunden am Sonntagabend oder das Mitsingen im Chor, Mitarbeit im Brüderrat oder Ausgestaltung von Feiern – es war eine Verbundenheit, die uns trug und forderte. Aber das allein war es noch nicht. Der Jugendkreis war für mich als Theologiestudent ein wichtiges Korrektiv, ich könnte auch sagen, ein Bindeglied zwischen Theorie und Praxis, zwischen Abstraktion und Realität, zwischen Glaubensanfragen und Glaubensgewissheit. Freundschaften von damals blieben teilweise bis heute erhalten.

Ein schwerer Schlag traf uns alle, als im Zusammenhang mit der Sprengung der Uni-Kirche Ende der 1960er-Jahre auch ein führender Mitarbeiter unseres Jugendkreises verhaftet und inhaftiert wurde. Bei der Vernehmung spielte man ihm Aussagen vor, die er im engsten Kreis unserer Mitarbeiterschaft gemacht haben sollte. Gab es eine undichte Stelle im engsten Kreis oder stand im gegenüberliegenden öffentlichen Gebäude ein Abhörgerät? Wir wissen es bis heute nicht und waren im Nachhinein schockiert über die Gereiztheit der Funktionäre unseres Staates. Obgleich mich Gott später in den Dienst der Kirche und nicht der Landeskirchlichen Gemeinschaft geführt hat, kann und will ich die Wurzeln meines geistlichen Lebens nie vergessen!

5.

Und vergiss nicht, was er dir Gutes getan hat

Endlich war die sechsjährige Verlobungszeit zu Ende. Der Schnee glitzerte in der Sonne, als Brigitte und ich am 15. Februar 1964 Arm in Arm aus der Weberkirche in Zittau traten. Wir strahlten mit der Sonne um die Wette, denn endlich war unsere sechsjährige Verlobungszeit zu Ende. Brigitte hatte mich in all den Jahren lieb behalten und treu begleitet. Sie stammte aus der Predigerfamilie Pahlke. Obwohl gelernte Verkäuferin hatte sie um unseres gemeinsamen Weges willen einen katechetischen Kurs vom Burckhardthaus in Hirschlurch besucht und nach Beendigung als Katechetin in Brandenburg gearbeitet. 1964 kam sie dann zu mir nach Leipzig und arbeitete im Büro des Missionshauses.

Runhild, unsere älteste Tochter, wurde noch in Leipzig geboren, Carola und Doreen zur Zeit unserer ersten Pfarrstelle. Bis heute sind wir unserem Herrn von Herzen dankbar, dass sie mit uns auf dem Weg des Glaubens geblieben sind, trotz allem, was wir ihnen auch schuldig geblieben sind. Von Herzen stehen wir auch zu unseren Schwiegersöhnen und freuen uns sehr an acht Enkelkindern.

Vieles könnte zu unserem Familienleben gesagt werden, aber ich will es bei vier Storys belassen, die sich alle in Streumen – dem Ort unserer ersten Pfarrstelle – zugetragen haben. Sie vermitteln einen kleinen Eindruck vom Wesen unserer Kinder.

Am Eingang unseres ländlichen Pfarrgrundstückes standen zwei alte Lindenbäume. Die eine Linde war zum Ende des Dreißigjährigen Krieges, die andere zum Ende des Siebenjährigen Krieges gepflanzt worden – so lautete jedenfalls die Überlieferung. Die ältere der beiden Linden bestand ursprünglich aus drei kleinen Bäumchen, die später zu einem gemeinsamen Stamm gepfropft wurden. Deshalb war am Wurzelansatz in der Mitte ein Loch geblieben. Weil nun diese »Friedensbäume« beide unter Naturschutz standen, hatten sie ein kleines Schildchen mit einer Eule am Stamm.

Eines Tages hatte eines unserer Hühner (warum auch immer) unbemerkt seine Eier in diese Wurzelkuhle gelegt. Beim Spielen entdeckten die Kinder sie. Der Nachbarsjunge sagte: »Das sind bestimmt Euleneier, die müssen wir an die Wand klatschen, denn Euleneier kann man nicht essen und was soll sonst aus den vielen kleinen Eulen werden?« Gesagt, getan – die Eier landeten an der Hauswand und hinterließen dort ihre Spuren! Wir Eltern waren darüber natürlich wenig begeistert.

Einmal musste ich unsere Runhild wegen schlechter Leistungen in der Schule ermahnen: Ich sagte: »Wenn du dich nicht zusammenreißt, dann ist der Zug abgefahren.« Runhild erzählte dies ihrer Schwester Carola weiter, und die erwiderte darauf – schlagfertig wie immer: »Dann nimmst du eben den Bus!«

Als unsere Carola an einem Abend nicht gut drauf war, sagte ich zu ihr: »Wenn du jetzt nicht artig bist, dann gehst du runter in den Stall und schläfst bei den Mimis« (so nannten wir unsere Schafe). Einen Augenblick lang schaute Carola betroffen zu Boden und dann sagte sie: »Können denn die Mimis nicht hochkommen?«

Doreen, unsere Jüngste, erschreckte uns einmal mit einem nicht ganz ungefährlichen Schabernack. Sie hatte – wohl zum Geburtstag – eine Polizeiuniform bekommen: Weste, Käppi und Leuchtstab. Damit ausgestattet ging sie auf die Dorfstraße und spielte dort Polizistin. Eine Dorfstraße war schon damals keine verkehrsberuhigte Zone. Trotzdem stellte sie sich in die Mitte der Straße, hob den Stab hoch und hielt die Fahrzeuge an. Die meisten verstanden den Spaß. Und meine Frau wunderte sich, warum an diesem Tag die Fahrzeuge so langsam fuhren und sogar vor unserem Tor anhielten ... Kinderzeit – schöne Zeit! Wie viele Engel mag Gott wohl geschickt haben, damit größerer Schaden vermieden wurde?

Zu meinem siebzigsten Geburtstag haben uns die Kinder eine großartige Bild- und Textchronik unseres Familienlebens geschenkt. Immer wieder denken wir beim Anschauen an das Bibelwort: »Mit meiner Seele will ich den Herrn loben und das Gute nicht vergessen, das er für mich tut« (Psalm 103,2).

Die Familie 1980

Brigitte Stabe, geb. Pahlke

6.
Gute Früchte

Nach bestandenem Erstem theologischen Examen und dem Vikariat wuchs in uns die Spannung, wohin es uns wohl verschlagen würde. Wir konnten zwar Wünsche beim Landeskirchenamt äußern, aber von ehemaligen Absolventen erfuhren wir, dass diese oft kaum berücksichtigt wurden. Ich konnte mir dort eine Pfarrstelle vorstellen, wo dürres geistliches Land war. Und tatsächlich wurde mein Wunsch erfüllt. Ich wurde als Pfarrvikar – ohne zuvor das Predigerseminar absolviert zu haben – in die Pfarrstelle Streumen mit Lichtensee und Tiefenau abgeordnet. Rein bäuerliche kleine Dörfer zwischen den Industrieorten Riesa und Gröditz. Wie sich aber bald herausstellte, wohnten dort liebenswerte, freundliche Menschen, sodass wir schnell heimisch wurden.

Von der örtlichen Dienstzuweisung erfuhren wir allerdings erst einige Tage vor Dienstbeginn. Ich fuhr also sofort nach Streumen und fand ein idyllisches, ganz im Grünen gelegenes altes Fachwerkhaus vor. Genauer gesagt: einen Pfarrhof mit Stallungen und Heuboden. Ursprünglich gehörten auch circa hundert Hektar Landbesitz dazu, für den wir damals etwa dreißig Mark pro Hektar Pacht in die Kirchkasse bekamen.

Unsere Dörfer waren sehr alt und historisch interessant. So hatten Streumen und Tiefenau einst ansehnliche Rittergüter gehabt und Lichtensee wurde bereits 1284 als Naumburger Besitz erwähnt. Das Tiefenauer Rittergut mit seiner kleinen Kirche und einem wunderbaren Barockpark konnte stolz auf die Bauherren George Bähr sowie Permoser und Pöppelman verweisen, die Orgel betreffend auf Silbermann und seine Schüler. Durch eine Nachkriegssprengung waren Rittergut und Park weitgehend zerstört und die Kirche verfügte zunächst auch nur noch über die Reste einstiger Pracht. Immerhin soll die Kirche in Tiefenau einmal die wertvollste Kirche im italienisch-französischen Hochbarockstil im ostelbischen Raum gewesen sein.

Gemeindeausflug zum Gestüt Graditz

Streumen wurde bekannt durch das sogenannte »Lustlager bei Zeithain«, eine Heeresschau des kurfürstlich-sächsischen Hofes im Jahr 1730. Rekordverdächtig waren da u. a.: ein Riesenkuchen aus sechzehneinhalb Scheffel Mehl, dreitausendsechshundert Eiern, vier Kannen Milch und anderthalb Zentnern Hefe. Er soll sechzehn Ellen lang und sechs Ellen breit gewesen sein, sechs Stunden gebacken haben und dann mit einem Schwert zerteilt worden sein. Dass damals auch achtzig Ochsen verspeist wurden und bei Streumen von sechs namhaften italienischen Baumeistern ein Opernhaus für das »Lustlager« errichtet wurde, kann man in alten Dokumenten nachlesen.

Zurück zu unserer »überaus zeitigen« Dienstzuweisung nach Streumen. In wenigen Tagen musste also die leer stehende Wohnung für meine mit dem zweiten Kind schwangere Frau, unsere einjährige Tochter und mich bezugsfertig gemacht werden – von uns selbst, versteht sich. Ohne Handwerker haben mein Schwager und ich wenigstens die Küche, das Kinder- und das Arbeitszimmer notdürftig hergerichtet. Beim Einzug wurden wir durch die Nachbarn und einige Gemeindeglieder sehr herzlich empfangen. Diese Herzlichkeit war sehr wohltuend und hielt bis zum Schluss nicht nur an, sondern wuchs von Jahr zu Jahr.

Gleich im ersten Jahr unserer Streumener Zeit wurde auch das Zweite Theologische Examen fällig. Von der Arbeit in der Gemeinde sehr in Anspruch genommen und ohne eine Vorbereitung im Predigerseminar, hatte ich ein unsicheres Gefühl, ob ich es wohl bestehen würde. Die schriftlichen Prüfungen gingen recht gut. Aber in der mündlichen wurde mir ein hebräischer Text vorgelegt, den ich übersetzen und theologisch bewerten sollte. Hebräisch war ja alles andere als mein Steckenpferd. Zum Glück durfte ich drei Wörter aus dem Text erfragen. Ich las also den Bibelabschnitt aus Jesaja 52,5-8. Einige Wörter wusste ich schon und ahnte, um welchen textlichen Inhalt es sich handeln könnte. Mithilfe der drei erfragten Wörter war ich dann im Bilde. Den Text konnte ich so einigermaßen auswendig ... übersetzte ihn schön langsam nach Martin Luther. Befürchtete aber, dass mein Prüfer mich nach grammatischen Formen oder anderen wortgetreuen Übersetzungsmöglichkeiten und Wortstämmen fragen könnte. Aber er war gnädig, bemerkte aber sehr wohl meine Unsicherheit. Trotzdem ließ er es gelten.

Mir war spätestens danach klar, wie wichtig es ist, Bibeltexte im Kopf zu haben – nicht nur, um sich durch Prüfungen durchmogeln zu können ... Das zweite Examen hatte ich jetzt jedenfalls mit Gottes Hilfe bestanden.

Ein besonderer Höhepunkt im Leben eines Pfarrers ist natürlich die Ordination, die öffentliche Einsetzung und Sendung in den Dienst, das geistliche Amt. Dies geschah am 19. Sonntag nach Trinitatis, dem 14. Juli 1968, durch den damaligen Superintendenten für den Kirchenbezirk Großenhain, Anacker. In der Lichtenseer voll besetzten Kirche (Lichtensee war eine Schwestergemeinde von Streumen) gab er mir das biblische Leitwort aus Lukas 9,62 mit auf meinen künftigen Weg: »Wer seine Hand an den Pflug legt und dann zurückschaut, ist nicht geeignet für das Reich Gottes.« Für einen ehemaligen Landwirt passte das Wort wie die Faust aufs Auge – sehr bildhaft und eindeutig.

Wir feierten einen festlichen Gottesdienst und erlebten dann in unserem Pfarrgarten an einer langen Tafel, zusammen mit unseren Familien und Superintendent Anacker und seiner Frau, einen fröhlichen Nachmittag.

Allerdings endete das Fest nicht ganz so fröhlich, weil ein heftiges Gewitter und ein kräftiger Regenguss uns überfielen. Gerade noch mit Mühe und Not konnten wir die leckeren Torten ins Trockene bringen. Sogar der Superintendent persönlich legte mit Hand an.

Wer aber damals glaubte, dass das »Donnerwetter« ein schlechtes Omen für den Dienst sei, der sah dann das Gegenteil, auch wenn ein Pfarrer in seinem Alltag alle möglichen Wetterfacetten erlebt. Meine Ordination blieb für mich das tragende Fundament und das feste Gegengewicht in Stunden der Anfechtungen und Schwachheit. Wo Gott sein Ja gesprochen hat, gibt es zu keiner Zeit ein ängstliches oder gar zweifelndes Zurückschauen. Gott legt uns manche Lasten auf, aber er hilft uns auch. Das Wunder dieser Erfahrung hat uns bis heute getragen.

Das schöne Grundstück rund um das Pfarrhaus war mehr als fünftausend Quadratmeter groß. Im Garten gab es etwa hundert Obstbäume. Außerdem hatten wir noch einen riesigen Gemüsegarten. Da gab es Arbeit ohne Ende. Aber die Ernte erbrachte so manche zusätzliche Mark. Bei hundertachtzig Mark Gehalt am Anfang und später bis zu siebenhundert Mark für eine fünfköpfige Familie und viele Gäste war das auch notwendig. Außerdem hatten wir noch zahlreiche Haustiere: Hühner, Kaninchen, Schafe und Gänse.

In der Saison ging es bereits um sechs Uhr morgens auf die Bäume zum Pflücken. Als wir – mein treuer Diakon und ich – einmal die vielen Äpfel zur Erfassungsstelle ins Nachbardorf brachten, sagte die etwas derbe Frau in der Annahmestelle zu meinem Diakon: »Wie oft kommt denn der Pastor noch mit seinen verdammten Äppeln?«

Wir hatten einen ganzen Nachmittag gebraucht, um alle Stiegen voller Äpfel mit dem Trabi anzuliefern!

Obst und Vitamine gab es also für uns reichlich. Aber die zahlreichen Stunden im Garten, die Pflege der Bäume, die Bearbeitung des Gemüsegartens und das Mähen der Wiese mit der Sense hatten noch einen anderen Vorteil: Sie waren für die bäuerliche Bevölkerung ein Zeichen dafür, dass ich einer von ihnen sein wollte, und das fand Achtung und Anerkennung. Sie bewunderten nicht nur mich, sondern auch meine Frau, wenn sie im Jahr dreihundert bis vierhundert Gläser Kompott und Marmelade einweckte.

Mancher Leser mag sich fragen, ob ich nun Pastor oder Landwirt war. Dazu will ich kurz schildern, wie in den ersten Jahren mein Dienst aussah: Dreizehn bis sechzehn Stunden Christenlehre jede Woche mit sechzig bis siebzig Kindern, einmal wöchentlich Gemeindeabend (immer im Wechsel zwischen den Dörfern), in zwei Orten Junge Gemeinde, in allen drei Orten Kirchenvorstandsitzungen und sonntags (manchmal auch schon Samstagabend) drei bis vier Gottesdienste. Dazu Seelsorge, Kasualien (wie z. B. Taufe und Trauung), Besuche, Verwaltungsaufgaben und in zwei Außenorten Bibelstunden, außerdem natürlich Konfirmandenunterricht. Später wurde die Kirchgemeinde vereinigt und um drei weitere Orte zu einem sogenannten Kirchspiel erweitert. Der schon genannte Diakon war dabei mein einziger hauptamtlicher Mitarbeiter. Er war ein sehr begabter, fleißiger Mann, warmherzig als Mensch und Freund unserer Familie. Meine Frau übernahm bald auch Christenlehrestunden sowie die Kirchenreinigung in Streumen.

Das Kirchspiel war der Anfang einer Strukturreform mit dem Namen »Modell 1«. Ich hielt den Ansatz für sehr bedenkenswert, förderte er doch die Eigenverantwortung und Initiative einer überschaubaren Region, z.B. in den Bereichen Finanzhoheit, Gebäudeverwaltung und Personalfragen. Vor allem erweiterte er den Blick der Gemeinden füreinander und man lernte, die Freuden und Lasten anderer mitzutragen. Natürlich war das »Modell 1« noch verbesserungswürdig und ausbaufähig. Leider blieb es – aus meiner Sicht – bei einem Versuch, sodass es einen Rückfall in die Zentralisierung gab bzw. eine Neustrukturierung, die bis in die Gegenwart anhält und als unbefriedigend empfunden wird.

Mit der Erweiterung unseres Kirchspiels wuchsen die Aufgaben. Was aber viel wichtiger war: Auch das Gemeindeleben wuchs. Die Junge-Gemeinde-Treffen waren keine oberflächlichen Diskussions- oder Spieleabende, sondern Zeiten, in denen wir Lebensfragen besprachen, uns biblische Texte verinnerlichten, zu Glaubensentscheidungen Mut machten, aber auch natürlich Geselligkeit und Rüstzeiten gemeinsam erlebten. Erst Jahre später erfuhr ich, wie segensreich diese Stunden für viele junge Menschen gewesen waren.

Bedauerlich war nur, dass sich die Kirchenmusik in sehr engen Grenzen bewegte. In unserem kleinsten Ort Tiefenau (circa vierzig Gemeindeglieder) hatte das Gotteshaus kein elektrisches Licht und keine Orgel. So suchte ich nach einem Weg, um die Menschen auf eine andere Art zu erreichen. Im Sommerhalbjahr ging ich etwa alle vierzehn Tage am Samstagabend, zu der Zeit, wo die Dorfbewohner zum Friedhof kamen, um die Gräber zu gießen und zu pflegen, dorthin. Ich blies auf meiner Trompete Choräle und Volkslieder und hielt eine kurze Andacht. Manche hörten aufmerksam zu, andere arbeiteten weiter. Trotzdem erreichte ich viel mehr Leute mit dem Wort Gottes als sonst am Sonntagmorgen im Gottesdienst.

Bald hatte sich auch ein großer Ehekreis mit Paaren aus allen Dörfern gebildet. Das Zusammenwachsen der Familien aus den Gemeinden förderte das Leben im Ort, verband uns in Freud und Leid und öffnete uns darüber hinaus den Zugang zu Kindern und Jugendlichen.

Von Anfang an war es mir ein Anliegen, mich mit den Menschen in den Dörfern zu verbünden, einer von ihnen zu werden. Und das, so weit es möglich war, auch mit den Nichtchristen. Das bedeutete auch Zeichen zu setzen. Ich erinnere mich an ein Jahr, in dem ein großer Rübenschlag völlig verunkrautet war. Die Parteigenossen des Dorfes wurden aufgefordert, das Feld vom Unkraut zu befreien – aber fast keiner kam. Da habe ich mir ein paar Stunden Zeit genommen, um den Rübenacker vor dem Umackern zu bewahren und eine finanzielle Einbuße der LPG zu verhindern. Der Einsatz löste das Problem allerdings nur teilweise. Er rettete nicht die LPG, aber er blieb auch nicht ohne Beachtung.

Eine besondere Freude war es für mich, dass nach langer Gebetsvorbereitung eines Tages ein Bauer zu mir kam und sagte: »Wollen wir uns nicht immer am Samstagabend zum gemeinsamen Gebet treffen?« Ich war für diese Gebetserhörung von Herzen dankbar und es kamen stets fünf bis sechs Leute, die für die Gemeinde, die Verkündigung und besondere Vorhaben beteten. Eine große Unterstützung bekam ich dabei vom Leiter der Landeskirchlichen Gemeinschaft aus einem der Nachbardörfer. Er und ein Diplomlandwirt standen dann auch als Lektoren oder für Lesegottesdienste bereit. Manchmal sogar Glieder der Jungen Gemeinde.

Damals gab es auch eine sogenannte Veranstaltungsverordnung, nach der alle kirchlichen Veranstaltungen in nichtkirchlichen Räumen bei dem Abschnittsbevollmächtigten der Polizei angemeldet werden mussten. Das war dann immer ein Anlass für Gespräche oft sehr ernsthafter Art. Dabei ging es z.B. um die Frage: Inwieweit wird die Glaubens- und Gewissensfreiheit in der DDR eigentlich ernst genommen? Müssen tatsächlich Veranstaltungen in nichtkirchlichen Räumen polizeilich überwacht werden und warum? Ich erinnere mich aber auch an ein Gespräch über den Sinn und Inhalt des christlichen Glaubens. Polemisch waren unsere Gespräche kaum, sondern mehr von gegenseitigen Fragen bestimmt.

Da ich als Student in Leipzig zur Theologen-Fußballmannschaft gehört hatte, bekam ich eines Tages die Anfrage, ob ich nicht anlässlich des Dorffestes in der örtlichen Mannschaft mitspielen würde. Selbstverständlich tat ich das, schoss wohl auch ein oder zwei Tore. Jedenfalls siegten wir und ich fand Zugang zu den Herzen der Jungs.

Eine unserer Kirchen lag unmittelbar an der Panzerstraße des Truppenübungsplatzes Zeithain. Und genau an der Kirche mit dem umliegenden Friedhof machte die Straße einen Omegabogen. Das bedeutete, dass bei Truppenübungen regelmäßig russische Panzer aus Versehen auf den Friedhof fuhren oder die Mauer schwer beschädigten. Waren es russische Panzer, dann mussten zwanzig bis fünfzig Soldaten den Schaden beheben und mit Reisigbesen die Straße kehren. Dabei herrschte ein rauer Ton – milde ausgedrückt! Alle Arbeiten, auch das Aufstellen umgefallener Grabsteine und das Setzen der Trockenmauer um den Friedhof musste per Hand getan werden und ohne Pausen.

Als aber einmal deutsche Panzer kamen und ebenso die Mauer anfuhren, da schlug meine große Stunde. Denn der verantwortliche Offizier kam zu mir und fragte, wie der Schaden behoben werden solle, ob in bar oder mit Material. Ich sagte: »Beides«, und nannte eine sehr reichlich bemessene Summe für den Schadensersatz, die mir auch prompt bewilligt wurde. Ich fand einen Maurer, der für Objektlohn arbeitete, sodass noch etwas Geld übrig blieb. Aber vor allem hatte ich so viel Kalk und Zement anfahren lassen (beides Mangelware), dass noch dringend notwendige Bauarbeiten an einer Kirche mit raussprangen. Leider kamen die deutschen Panzer nur das eine Mal!

Auch die zweite Begebenheit hing mit dem Truppenübungsplatz zusammen. Das entlegenste Dorf unseres Kirchspiels lag genau am Grenzzaun zu dem Platz. Als ich wieder einmal zu einem Gottesdienst in das dortige Altenheim kam, herrschte große Aufregung: Es gab kein Wasser. Der Brunnen, aus dem das Wasser kam, befand sich dummerweise hinter dem Zaun – also im Sperrgebiet. Ein heimischer Handwerker sollte den Schaden schnell beheben, aber er durfte nicht auf das Gelände. Die russische Kommandozentrale wollte daraufhin einen russischen Spezialisten aus Berlin anfordern. Aber auch das ging nicht. Erst als »Spezialisten« aus Moskau eingeflogen wurden, konnte der Brunnen wieder in Betrieb genommen werden. Ein Schelm, der Böses dabei denkt!

In der zweiten Hälfte unserer Streumener Zeit häuften sich die Zusatzaufgaben. Zunächst wurde ich zum ehrenamtlichen Jugendpfarrer für den Kirchenbezirk Großenhain berufen. Das ist eine Zeit, an die ich gern zurückdenke. Dann ging es aber weiter. Die Leitung des Sächsischen Jungmännerwerkes fragte bei mir an, ob ich bereit wäre, als theologischer Mitarbeiter in die Leitung zu kommen. Ich weiß gar nicht mehr, ob ich dann berufen oder gewählt wurde, jedenfalls war ich plötzlich – nach einigen Überlegungen und Beten – dabei. Zusammen mit dem ehrenamtlichen Vorsitzenden Karl-Heinz Wild, dem geschäftsführenden Landesjugendwart Fritz Reschke und dem Verwaltungs- und Finanzexperten Klaus Müller gab es nun also eine »Viererbande« in der Leitung.

Das Jungmännerwerk in der DDR war dem CVJM vergleichbar, nur dass es eben unter DDR-Bedingungen arbeitete. Schwerpunkte waren: Bibelrüstzeiten, Mitarbeiterschulungen und -tage, Konfirmandentage, Junge-Gemeinde-Abende, Jugendevangelisationen, Materialdienst usw., alles in selbstständiger Verantwortung, aber im geschützten Raum der Landeskirche und verzahnt mit der Jugendkammer unserer Kirche. Es gab Leitungstreffen mit den anderen beiden Jungmännerwerken in der DDR – Thüringen und der Evangelischen Kirche der Union – und gelegentlich auch mit den Leitungsbrüdern der CVJM-Landesverbände aus der Bundesrepublik. Das war stets mit Überraschungen verbunden: mit unverständlich langen Wartezeiten am Grenzübergang, Kontrollen mitgebrachter Geschenke und Befragung nach Ort und Personen der Begegnung.

Diese fröhliche, aber zugleich tief gehende Bruderschaft hat meinen Glauben immer wieder gestärkt, meinem Dienst als Pfarrer Bereicherung gebracht und mich theologisch herausgefordert, und zwar vor dem biblischen und gesellschaftlichen Hintergrund.

Darüber hinaus war unser Leitungsteam eine brüderlich-seelsorgerliche Gemeinschaft, die von großer Offenheit und Ehrlichkeit geprägt war und an der unsere Ehefrauen teilhatten. Unvergessen sind mir die Rüstzeiten, mal mit den Familien der ehrenamtlichen Mitarbeiter, mal mit den Familien der Jugendwarte.

In unserem Kirchenvorstand fragte ich einmal, ob meine Mitarbeit im Jungmännerwerk vielleicht doch die Gemeindearbeit vor Ort zu kurz kommen lasse, aber ein wichtiger Mann des Kirchenvorstandes sagte etwa dies: »Unsre Gemeinde profitiert von dem, was Sie von außerhalb mit einbringen – tun Sie es!«

Diese für unsere Familie so wichtige und prägende Zeit in Streumen ging ins achte Jahr, als Anfragen bezüglich eines Wechsels an uns herangetragen wurden. Verlockendes, Überforderndes und Indiskutables. So eine Phase des Dienstes kann einen hochmütig, aber auch verlegen und unsicher machen. Ich hatte den Eindruck, die einen überschätzten mich und die anderen suchten nur einen Lückenschließer. Da half nur Beten, Rat einholen und die Ehefrau mit einbeziehen.

Das tat ich dann auch, als unsere sächsische Kirchenleitung mit mir über einen möglichen Dienst als Superintendent sprach. Unsre Entscheidung war ein entschiedenes Nein. Ein paar Monate waren vergangen, da erreichte mich die gleiche Anfrage erneut. Ich fragte mich: War mein Nein dazu pragmatisch oder menschlich gewesen? Hatte ich unseren Garten und das Vieh jetzt so in Schuss, dass ich es noch eine Weile genießen wollte? War nun schon der Zeitpunkt gekommen, wo ich den zarten Wuchs einer mir so lieb gewordenen Gemeinde verlassen sollte und durfte? Besonders auf die letzte Frage drängte sich mir wieder ein Nein in den Sinn. Aber diesmal kam es anders. Die Waage in meinem Herzen neigte sich – wohl durch Gottes Geist geleitet – zu einem gehorsamen Ja gegenüber meiner Kirche.

Nur mit der vorgesehenen Region Erzgebirge konnte ich mich nicht sofort anfreunden. Ich dachte: »Dort sind so viele fromme Leute und gute Mitarbeiter, was soll ich dort?« Hatte ich doch für die bisherigen sechs Kirchdörfer außer unserem Diakon weder einen angestellten Kirchenmusiker noch einen hauptamtlichen Verwaltungsmitarbeiter als Hilfe gehabt. In drei Kirchen war nicht einmal eine Orgel und oft hatte ich die Gemeindelieder nur auf meiner Trompete begleitet.

Das Erzgebirge war wirklich nicht mein Jugendtraum! Darum hatte ich auch ein doppelt schlechtes Gewissen und Gefühl, als ich mich im September 1977 in einer Ephoralversammlung vorstellte. Denn dabei fühlte ich mich wie in einem dritten theologischen Examen und als 39-jähriger »Bauernpastor« gründlich hinterfragt. Auf der Heimfahrt nach Streumen rief ich meine Frau an und sagte: »Hoffentlich wählen die mich nicht!«

Vollends verunsichert war ich, als der Kirchenvorstand mir zum zehnjährigen Dienstjubiläum einen Blumenstrauß überreichte und ich sagen musste: »Ich werde euch wohl bald verlassen.« Da flossen auf beiden Seiten viele Tränen.

Der Stein eines Wechsels ins Erzgebirge war ins Rollen gekommen und nicht mehr aufzuhalten. Man hatte mich inzwischen in Annaberg zum Superintendenten gewählt. Zwar mit ein paar skeptischen Gegenstimmen, aber damit war die Entscheidung gefallen. Am 28. Dezember 1977 wurde ich im Landeskirchenamt verpflichtet und am 1. Februar 1978 zog der »Neue« mit seiner Familie nach Annaberg.

Von Beginn an wollte ich die Herzen und das Vertrauen meiner Brüder und Schwestern gewinnen, Vorbehalte bei den Skeptikern abbauen und mein völlig falsches Bild vom Erzgebirge gründlich revidieren. Nach fast zweiundzwanzig Jahren Dienst im Kirchenbezirk Annaberg kann ich nur sagen: Es war dank der Hilfe und Barmherzigkeit meines Herrn, dank des treuen Beistandes meiner Frau und meiner Familie und dank der geschwisterlichen Verbundenheit zahlloser Menschen eine wunderbare und erfüllte Zeit. Ich habe die vielen Beter schätzen gelernt, habe treue und zuverlässige Mitarbeiter zur Seite gehabt und fand hier mit der Familie Heimat. Vor allem habe ich erfahren, wie Gott meine Schwachheit ertrug und mir Erkenntnisse und Weisheit gab, die mich wie ein Wunder immer zur rechten Zeit befähigt haben. Was Hella Heizmann in einem Lied so treffend formuliert hat, war auch unsere Erfahrung: »Da kann man nur staunen über Gott und über die Wunder, die er tut, einfach nur staunen.« Dieses Lied wurde für uns zur Lebensgeschichte, wie auch das Wort anlässlich meiner Einführung in Annaberg: »Meine Gnade ist alles, was du brauchst. Meine Kraft zeigt sich in deiner Schwäche« (2. Korinther 12,9).

Gleich zu Beginn meiner Annaberger Zeit machte ich viele Besuche, um die Pfarrer und ihre Familien – teilweise auch die Mitarbeiter – persönlich kennenzulernen. Dabei bestätigte sich das Votum eines Pfarrbruders bei meiner Anhörung, der gesagt hatte: »Sie dürfen nicht alles Gesagte so eng sehen, wir wollen uns nur erst einmal näherkommen.« Das tat gut und öffnete Türen.

Aber eins stand von Anfang an fest: Die Aufgabenvielfalt und das bunt gemischte Völkchen der Mitarbeiter in den Gemeinden waren mit den Erfahrungen eines kleinen Dorfpfarrers nicht mehr zu vergleichen. Ich hatte zwar viele gute Tipps und Hinweise vom Landeskirchenamt bekommen, aber manches hatte ich im Vorfeld nicht einmal geahnt. Welches Ausmaß z. B. seelsorgerliche Gespräche und Begleitungen haben würden, welche Rolle die Gruppierungen der Pfarrerschaft (Pfarrergebetsbruderschaft, Volksmissionskreis und Lutherischer Konvent) hier spielten. Wie wichtig es war, in Konfliktfällen zu vermitteln (manchmal wochenlang), das ganze Spektrum kirchlicher Arbeit im Blick zu haben, die theologischen Herausforderungen angesichts zahlreicher religiöser Sondergemeinschaften und Sekten anzunehmen.

Einführung als Superintendent für den Kirchenbezirk Annaberg durch Bischof Hempel, Katharinenkirche Annaberg am 22. Januar 1978

Begegnung mit Mutter Theresa in Annaberg

Begegnung Annaberg i. Erzgebirge
mit Annaberg in Oberschlesien
(li.: Pater Theophil)

Andererseits ahnte ich im Voraus auch nichts oder nur wenig von den Segensauswirkungen vergangener Erweckungszeiten im Erzgebirge, vom Reichtum und von der Vielfalt der Gaben und vom Getragenwerden durch treue Gebete, sowie von den ganz wichtigen Ergänzungen durch Einzelgespräche in den Konventen. Ein Mitarbeiter hatte mir gleich zu Beginn meines Dienstes einen ganz wichtigen Satz gesagt, den ich bis heute nicht vergessen habe und auch nicht vergessen darf: »Das Erzgebirge lebt vom Segen vergangener Erweckungen. Aber Segen kann man auch verspielen.«

Eine besondere Aufgabe sächsischer Superintendenten ist die Visitation in den Gemeinden und Aufgabenbereichen. Zwei bis drei Visitationen des Gemeindelebens vor Ort pro Jahr (einschließlich der Besuche kirchlicher, ökumenischer und auch gesellschaftlicher Verantwortungsträger) öffneten mir zunehmend die Augen für den Reichtum, aber auch für die Probleme und Nöte der Region.

Oft stieß die traditionell schlichte Frömmigkeit mit den Nachwirkungen der Kriegs- und Wismutzeit und der parteiideologischen marxistischen Lehren mit der Namensweihe und Jugendweihe hart aufeinander. Die Wismutzeit hatte Menschen aus ganz Deutschland ins Erzgebirge gebracht. Sie verstärkte damit auch die sowjetische Administration und motivierte die Arbeiter mit Zusatzlebensmitteln und viel Schnaps (»Kumpeltod« genannt).

So mancher hielt diesem Druck nicht stand, mancher opferte seine Frömmigkeit für materielle Vorzüge und mancher ließ sich mit oberflächlichem Geschwätz oder Drohungen einschüchtern. So viel Wahrheit auch immer noch hinter dem Ausdruck »das fromme Erzgebirge« steckt, so ist doch auch der Einzug der Säkularisation, oft auch in Gestalt von Aberglauben und Irrlehre, dort Realität. Das Verurteilen solcher Menschen oder eine aggressive Selbstgerechtigkeit sind nicht unsere Aufgabe.

Aber die Traurigkeit über diese Entwicklung – gerade auch nach der Wende – dürfen und müssen wir unserem Gott klagen. Aus der politischen Freiheit wurde zu oft materielle Bindung. Aus Reisefreiheit eine religiöse Auswanderung. Aus Gebet Klage. Aus verbindlicher Gemeinschaft individuelle Rechthaberei und aus festem, verbindlichen Glauben eine aggressive Ideologie.

Durch Strukturveränderungen und kirchlichen Zentralismus wird dieser Trend nicht aufzuhalten sein. Unsere Kirche braucht wieder (aus meiner Sicht) Hirten und Lehrer, gewissenhafte Seelsorger, echte biblische Gesinnung, Verbindlichkeit der Mitglieder, Investitionen in die Verkündigung der Frohen Botschaft und eine Diakonie, die mehr ist als ein Spitzenanbieter der freien Wohlfahrtspflege.

Um nur zu kritisieren liebe ich meine Kirche viel zu sehr und bin ihr dankbar für die sorgfältige Leitung. Aber mir ist es ein wichtiges Gebetsanliegen, dass wir uns mehr vom Geist Gottes leiten lassen als von vermeintlichen strukturellen Zwängen. Und dass wir dem neuen geistlichen Gemeindeaufbau nicht durch kleingläubige Festschreibungen im Wege stehen oder uns kopflos von Sekten und Atheisten überholen lassen.

Bei den schon genannten Visitationen fiel mir auf, dass Bibelstunden – wo überhaupt noch vorhanden – immer seltener werden und die biblische Lehre viel zu kurz kommt. Es fehlt uns die von Hoffnung getragene, vertrauensvolle Mitte zwischen pausenloser Kritik einerseits und mit heißer Nadel gestrickten Neuerungen andererseits. Natürlich sind neue Wege und Formen unverzichtbar. Natürlich hat die Kirche einen unverzichtbaren gesellschaftlichen Stellenwert. Natürlich muss Kirche offen und einladend für alle sein, aber die Mitte muss die Mitte bleiben: Wort und Sakrament! Wenn die Jünger Jesu Licht und Salz in der Welt sein sollen und die Stadt auf dem Berge nicht verborgen bleiben darf, können wir, wo nötig, die Rahmenbedingungen zwar verändern, nicht aber den Auftrag Jesu, Zeugen seiner Botschaft zu sein. Wir dürfen uns nicht nur als Interpreten und Verwalter der kirchlichen Zeitgeschichte verstehen. Das heißt zum Beispiel, dass wir uns fragen müssen: Steht der Zeitaufwand und finanzielle Einsatz für Struktur- und Ordnungsfragen wirklich noch im richtigen Verhältnis zu Verkündigung und Seelsorge? Ist die Treue im Kleinen uns noch genauso wichtig wie aufsehenerregende Großveranstaltungen? Ist uns die biblische Lehre genauso wichtig wie interessante Seminare?

Das sind Gedanken, die mich seit Langem beschäftigen, gerade deshalb, weil ich ein kleines Stück Kirchengeschichte miterlebt und manchmal auch durchlitten habe. Großveranstaltungen haben fraglos ihre Bedeutung, aber die Versammlung in der Gemeinde kann durch sie nicht ersetzt werden. Höhepunkte mit persönlichem Entscheidungscharakter können einen äußerst positiven Rückfluss in die Ortsgemeinde bringen, aber das Glaubenswachstum und die Glaubensbewährung geschehen im Alltag, im Gebet, im Austausch und an der Seite gestandener Väter und Mütter des Glaubens. Wo freilich das geistliche Leben in der Ortsgemeinde krankt, da geht früher oder später alles ins Leere. Die täglichen Versammlungen der Urgemeinde lassen sich so gewiss nicht wiederholen, aber Gottes Geist kann auch heute steril gewordene Gottesdienste neu beleben. Das setzt Buße und bewusste Nachfolge Jesu voraus. Und es fängt bei jedem von uns persönlich an.

Während unserer Annaberger Zeit war es mir – trotz einer Fülle von Arbeit – stets wichtig, regelmäßig für ein paar Gemeindekreise verantwortlich zu sein. So war z. B. der

Bibelgesprächskreis fast wie ein zweites theologisches Studium. Biblische Bücher fortlaufend und vollständig zu bedenken, erschloss mir selber viele Geheimnisse des Wortes Gottes neu oder gar zum ersten Mal. Obgleich uns der Römerbrief volle zwei Jahre beschäftigte, blieb es ein hilfreicher Gedankenaustausch, und der Kreis wuchs. Den älteren Ehekreis erlebten meine Frau und ich zunehmend als eine Gemeinschaft, in der wir jeweils Gleicher unter Gleichen sein konnten. Freud und Leid haben wir geteilt. Auf Rüstzeiten unvergessliche, fröhliche Stunden erlebt. Und wenn ich manchmal ganz kraftlos und abgespannt war, dann baute mich der Altenkreis durch seine große Dankbarkeit und Herzlichkeit regelrecht wieder auf. Auch ein Superintendent braucht ein Korrektiv und wohltuende Nestwärme. Keiner muss immer nur geben, jeder darf auch nehmen. Wenn doch noch viele Menschen dieses Geheimnis entdecken würden!

In ähnlich guter Erinnerung sind mir die gemeinsamen Reisen in biblische und frühchristliche Länder nach der Wende. Wie viel durften wir dabei hören und sehen von Gottes Schöpfung und den Spuren der ersten Christen! Außerdem waren sie geprägt durch eine gute Gemeinschaft und kurioseste Erlebnisse. In einem Hotel in Schottland z.B. schrillte eines Abends die Sirene. Alle rannten zur Rezeption, die einen in Badehose, eine andere mit Lockenwicklern auf dem Kopf, manche ängstlich und irritiert. Die Feuerwehr kam schnell, aber sie zeigte keine übertriebene Eile. Ich fragte: »Warum geht das alles so langsam? Wer weiß, was alles schon in Flammen steht!« Der Feuerwehrchef winkte nur ab: »Da ist bestimmt wieder nur der Feuermelder angesprungen, weil einer zu heiß gebadet hat.« Er hatte recht! Und wir hatten noch einen sehr lustigen Abend!

In Griechenland wollte jeder aus unserer Gruppe am Ende der Reise noch einmal richtig saftige und frische Apfelsinen einkaufen. Der Busfahrer mit Griechenlanderfahrung sagte: »Wartet bis kurz vor der Fähre, dort ist meistens ein Bauer, der die besten Orangen hat.« Und so war es! Vor unserem Bus sahen wir schon einen Bauern mit einem ganzen Tafelwagen voll Apfelsinen, zehn-Pfund-weise abgepackt. Das Bäuerlein hatte nach einer halben Stunde Feierabend und wir hatten einen reichlich übergewichtigen Bus.

Auf der Fähre von Griechenland nach Venedig ging der Spaß weiter. Außer unserer Gruppe waren nur noch wenige Passagiere an Bord. Wie oft üblich machte die Schiffsleitung eine schriftliche Umfrage, wie den Fahrgästen das Unternehmen gefalle. Die Teilnahme war freiwillig, aber weil es verlockende Preise geben sollte und nur wenige Leute auf der Fähre waren, bat ich alle aus unserer Gruppe mitzumachen. Das klappte und kurz vor dem Abendessen gab es die Gewinnauslosung. Erster Preis (ein paar Tage Griechenlandurlaub): keiner; zweiter Preis (eine eintägige Schiffsreise in der Ägäis): wieder keiner; dritter Preis (115 DM in bar): Gewinner: Jürgen Stabe. Großes Gelächter. Ich ging an die Schiffsbar, kaufte köstlichen griechischen Wein und lud die ganze Gruppe nach dem Abendessen aufs Oberdeck ein. Es wurde viel gelacht, gesungen und gespielt, sodass sogar Teile der Schiffsbesatzung dazukamen.

Ein Reiseteilnehmer hat in einem Hotel gleich 2 (oder waren es sogar 3) Hosen vergessen. Einmal wollte ein

Reiseteilnehmer am Strand in Irland mit einer vermeintlichen Fischblase Fußball spielen, aber weil die Blase in Wirklichkeit ein Stein war, musste er mit angebrochenen Zehen weiterhumpeln. Wilde Schweine in Korsikas Bergen hätten um ein Haar einen neugierigen Kleinbusfahrer außer Gefecht gesetzt. Nach der Rückkehr von einem abendlichen Stadtbummel durch Athen irrten zwei Frauen ganz aufgeregt in einem falschen Hotel herum.

Bilder und Videos, auch Tagebücher haben noch vieles mehr festgehalten. Freilich auch Bibelworte und Lieder. Nicht wenige der Teilnehmer unserer Reisen haben uns im Laufe der Zeit wissen lassen, welchen bleibenden Wert solche Reisen für sie hatten. Dem Herrn sei Dank, dass er uns stets bewahrt und unser Leben auch mit diesen Gaben so reich gemacht hat!

Die Aufgaben eines Superintendenten sind – wie gesagt – sehr vielseitig und hoffentlich auch fest verankert in der praktischen Gemeindearbeit. Eine der Aufgaben bestand auch darin, Ansprechpartner für staatliche und öffentliche Dienststellen zu sein.

Da gab es jedes Vierteljahr die sogenannten »Scheckgespräche«. Das waren Gespräche beim Rat des Kreises, bei denen am Anfang die politische Lage und die jeweiligen Maßnahmen, Verordnungen und Erfolgsmeldungen geschildert wurden – ausführlich und manchmal geradezu beschwörend. Dann hatte ich meinerseits Gelegenheit, Wünsche und Beschwerden vorzubringen. Zum Schluss gab es eine Scheckübergabe für den Kirchenbezirk – nicht aus Wohlwollen des Staates gegenüber der Kirche, sondern als Verpflichtungseinlösung wegen der Enteignung der ehemaligen Kirchschullehen.

Das waren Schulgebäude und – Grundstücke, die ohne Entschädigung als kirchlicher Besitz in den 60er-Jahren in Staatseigentum überführt worden waren. Symbolisch wurde damit das alleinige Bildungsmonopol des Staates dokumentiert. Gezahlt wurde nicht einmal die Hälfte der vereinbarten Summe.

Meine Gesprächspartner waren in der Regel sachlich und fair, ließen mich aber auch wissen, wer das Sagen hatte. Kritische Anfragen oder Beschwerden meinerseits wurden in Einzelfällen korrigiert (z. B. Zulassung begabter junger Christen zur Erweiterten Oberschule, Benachteiligung christlicher Schüler bei Auszeichnungen oder auf Zeugnissen oder Beanstandung von kirchlichen Schaukästen und westlicher Oberbekleidung nach Einspruch) oder mindestens wohlwollend zur Kenntnis genommen, ohne allerdings Ungerechtigkeiten, Benachteiligungen oder politische Standards grundsätzlich zu bereinigen oder abzustellen (dafür waren sie natürlich auch nicht kompetent).

Im Rahmen eines solchen Scheckgespräches fand an jedem Jahresende eine Planung der »Bauanteile« für kirchliche Bauaufgaben im folgenden Jahr statt. Ich musste den Bedarf in den Gemeinden ermitteln und konnte dann meinen »Wunschzettel« vorlegen. »Bauanteile« bezog sich vor allem auf Mangelware wie Kupferblech und -nägel, Naturschiefer, Naturstein usw.

Einmal wurde uns trotz eines Dringlichkeitsnachweises eine größere Menge Kupferblech nicht genehmigt. Da sagte der Abteilungsleiter für Inneres gönnerhaft: »Sie haben doch partnerschaftliche Beziehungen zur BRD, lassen Sie sich das doch über Limex besorgen.«

(»Limex« bedeutete: »mit Westgeld bezahlt«.) Ich vergewisserte mich, dass diese Äußerung ernst gemeint war. Als er dies bejahte, sagte ich: »Gut, ich werde am Sonntag im Gottesdienst abkündigen, dass die DDR nicht in der Lage ist, das dringend benötigte Kupferblech bereitzustellen!« Am nächsten Morgen – ich glaube, es war das erste Telefonat des Tages – rief der Rat des Kreises bei mir an, fragte nach, wie viel Kupferblech wir brauchten, und sagte mir die Bereitstellung zu.

In den Achtzigerjahren war es üblich geworden, dass Nichtpioniere oder Wehrdienstverweigerer in der Schule bzw. bei der Empfehlung für die Oberschule (Gymnasium) zum Teil eindeutig benachteiligt wurden. Nach Einspruch meinerseits gab es gelegentlich Korrekturen, in einem Fall sogar ein komplett neues Zeugnis. Bei einer Zeugnisübergabe in einer zehnten Klasse wurden zuerst die Schüler und Schülerinnen nach vorne gerufen, die mit »sehr gut« bestanden hatten. Sie wurden beklatscht und ausgezeichnet. Nachdem sie wieder Platz genommen hatten, sagte die Lehrerin: »Auch mit ›sehr gut‹ bestanden hat Carola.« Carola ging vor, bekam ihr Zeugnis, gerade eben noch einen Handschlag und durfte wieder Platz nehmen. Nebenbei gesagt: Es war unsere Tochter. Ich erwähne dies, weil es die vielen kleinen Nadelstiche waren, die jungen Menschen wehtaten und wohl auch wehtun sollten, pädagogisch unverantwortlich waren und Eltern einschüchtern sollten.

Ähnlich verhielt es sich mit dem Wehrdienst. Ehrlicherweise muss man sagen, dass es in der DDR (im Unterschied zu anderen Ostblockstaaten) auch einen »waffenlosen Wehrdienst« gab, der aber regelrecht vor dem Wehrkreiskommando erkämpft werden musste. Eines Tages wurde ich zum Wehrkreiskommando bestellt. Sechs Offiziere saßen mir gegenüber und informierten mich über das angeblich ausfallende Benehmen eines Mannes aus der Jungen Gemeinde, der diesen Wehrersatzdienst ausüben wollte. Sie forderten mich zur Stellungnahme auf. Dabei ging es weniger um die Inanspruchnahme eines gesetzlich legitimen »waffenlosen Wehrdienstes« als vielmehr um angeblich staatsfeindliche und beleidigende Äußerungen des jungen Mannes.

Ich weiß heute die Einzelheiten unseres Gesprächs nicht mehr, nur dass ich sagte: »Wenn ich als junger Mensch einer solchen Mannschaft von Offizieren gegenübergesessen hätte und wegen meiner Gewissensentscheidung als Christ so bedrängt und bedroht worden wäre, hätte ich auch Mühe gehabt, ruhig und sachlich zu bleiben. Von Ihnen als Offizieren hätte ich mir mehr pädagogisches Fingerspitzengefühl und Menschlichkeit erwartet, zumal ein Wehrersatzdienst ausdrücklich vorgesehen ist.«

Totalverweigerer kamen ins Militärgefängnis. Ein junger Mann aus der Jungen Gemeinde kam eines Tages zu mir. Er hatte nichts weiter bei sich als einen kleinen Beutel und bat mich, noch einmal mit ihm zu beten und ihn zu segnen, denn anschließend hatte er sich wegen Verweigerung des Wehrdienstes auf dem Wehrkreiskommando einzufinden. Seine letzten Minuten vor dem Gefängnis werde auch ich nicht vergessen.

Zum Schmunzeln war folgendes Erlebnis. 1985 war in Annaberg ein obererzgebirgischer Jugendtag mit circa 2 500 Jugendlichen geplant. Außer dem Gottesdienst und den verschiedenen Veranstaltungen und Angeboten musste auch die Frage der Verpflegung geklärt werden. Wir bemühten uns zunächst vergeblich, Verpflegungsbeutel zu bekommen. Doch am Freitag vor dem Jugendtag rief der Rat des Kreises an und sagte, wir bekämen die gewünschten Beutel. Kurioserweise mussten die FDJ-Gruppen unseren christlichen Jugendtag versorgen, was auch zu unserer vollen Zufriedenheit klappte!

Wir als Familie waren stets bemüht, unser Haus für alle offen zu halten, dessen bewusst, dass dies nicht ungefährlich war. Wenn Strafentlassene oder Wanderer oder Obdachlose kamen, ging es meistens nur um etwas Zeit und ein kräftiges Essen. Einmal schickte uns die Polizei noch gegen 22 Uhr zwei junge Leute, die keinen Hotelplatz mehr gefunden hatten. Denn sie wusste, dass wir immer mal Gäste aufnahmen. Manches Nachtgespräch ist uns bis heute noch in bester Erinnerung.

Ganz anders waren die gefährlichen Situationen mit einem obdachlosen Vagabunden, der nach eigenen Angaben zwischen Mecklenburg und Bayern hin und her zog. Er war ein unheimlicher Typ. Zwei- oder dreimal tauchte er bei uns auf, belöffelte mich mit dummen, anzüglichen Sprüchen und zeigte ein sehr aggressives Gehabe. Geld gaben wir auch ihm nicht, nur Essen, auch kein Quartier. Als ich eines Tages zum Mittagessen nach Hause kam, saß er wieder auf der Treppe im Haus und wartete schon auf mich. Dann folgten wieder die gleichen Zoten in ausfallender Tonart. Dabei zog er ein großes Klappmesser aus der Tasche und bedrohte mich mit den Worten: »Ich steche dich nieder, wenn du die Polizei rufst.« Mir war nicht klar, warum, und ich sagte: »Komm, lass den Unfug.« Aber noch einmal sagte er: »Geh doch zur Polizei, aber ich werde es verhindern.« Dann fuchtelte er mit dem Messer rum. Ich bemühte mich um Ruhe, betete im Stillen und bat ihn abzuhauen. Er tat es wirklich. In den nächsten Tagen hörten wir in den Nachrichten, dass ein anderer Superintendent von einem unbekannten Mann tätlich angegriffen worden war. Die Umstände waren fast die gleichen wie bei mir.

Nicht ganz so ernst war die Begegnung, als wieder einmal ein Schnorrer Geld erbetteln wollte. Er nannte mir etwas dubiose Gründe seiner »Armut«, nannte mir auch seinen Heimatort und sagte, dass er den Pfarrer dort gut kenne und ihm ab und zu helfe. »Ach«, sagte ich, »Sie meinen wohl Pfarrer Müller?« »Ja, ja, genau den!« Dumm nur, dass ich den dortigen Pfarrer gut kannte – und er hieß nicht Müller! »Weil Sie mich belogen haben, werde ich sofort der Polizei Bescheid geben«, war meine Reaktion und ich ging zum Telefon. Da wurde ihm plötzlich »ganz elend« und er wollte schnell an die frische Luft. Dafür habe ich dann selbstverständlich auch gesorgt – allerdings ohne Polizei. Vielleicht war es falsch, dass ich es dabei bewenden ließ, nur die Pfarrkollegen habe ich umgehend informiert.

In einem ganz speziellen Fall kam ich mir äußerst hilflos vor. Es war noch kurz vor der Wende, als gegen 23 Uhr ein junger Mann zu mir wollte. Ich ließ ihn rein und merkte sofort, dass etwas nicht stimmte. Er zitterte und wollte zunächst nicht mit der Sprache raus. Dann ließ er mich aber doch wissen, dass er noch in derselben Nacht über die Tschechei in den Westen abhauen wollte – ohne Ortskenntnisse, ohne Werkzeuge und ohne irgendwelche Helfer sollte die Aktion starten. Dazu kam, dass ich, je länger je mehr merkte, dass er unter Drogen stand. Er gab es auch zu, bekam plötzlich Schaum vor dem Mund und fiel auf den Fußboden.

Ich machte dem jungen Mann deutlich, dass er in seinem Zustand völlig chancenlos sei, dass das alles keinen Sinn hätte und er mich auch in größte Gefahr brächte. Ich riet ihm, nach Hause zu fahren. Inzwischen war es allerdings schon nach Mitternacht und Züge fuhren um diese Zeit nicht mehr. Nach einigem Hin und Her nannte er mir den Namen seines Vaters und auch dessen Telefonnummer. Ich rief nun mitten in der Nacht dort an und schilderte die Lage seines Sohnes. Ich kündigte an, dass ich ihn nach Karl-Marx-Stadt (heute Chemnitz) bringen und in den Zug setzen würde, der gegen vier Uhr dort ankommen sollte.

Gegen ein Uhr fuhren wir los. Den Schaffner des Zuges bat ich, auf meinen »Freund« gut achtzugeben. Gegen Morgen war ich dann wieder zu Hause, um gleich nach sieben Uhr meinen Dienst anzutreten. Am Vormittag rief der Vater dann an und bedankte sich sehr: Er hatte seinen Sohn wieder wohlbehalten zu Hause.

Der Dienst eines Pfarrers ist eben mehr als Sonntagsarbeit. Es ist mir bis heute ein Wunder, wie Gott in solchen außergewöhnlichen Situationen die hilfreichen Worte und starken Nerven gegeben hat. Auf dieser Erde werde ich wohl nie erfahren, was aus meinen vielen »Schäfchen« geworden ist, deren Hirte ich für wenige Minuten oder Stunden sein durfte. »Was ihr für einen der Geringsten meiner Brüder und Schwestern getan habt, das habt ihr für mich getan!«, sagt uns Jesus. Spurlos gingen solche Begegnungen an mir und meiner Frau nicht vorüber. Aber Glaube ist konkret, wenn auch sicher viel zu selten.

7.
Eine starke Bewegung

Es war Anfang der 80er-Jahre, als ich zum ersten Mal Besuch von einem Mitglied des Allianzkomitees der DDR bekam, Heinz Weinhold. Im Auftrag des Komitees fragte er an, ob ich zur Mitarbeit in der Evangelischen Allianz bereit sei. Seit meinen Kindertagen wusste ich, dass es am Beginn jedes Jahres eine Allianzgebetswoche gab. Dorthin nahm unsere Mutter uns Kinder stets mit. Ich fand es meistens auch ganz interessant, andere christliche Gemeinden zu erleben. Manchmal fand ich es langweilig, den sich selbst darstellenden, langatmigen Betern zuzuhören, aber je länger, je mehr gefielen mir die Gebetsabende gut und ich fing an, kindlich mitzubeten. Aber viel mehr wusste ich damals von der Evangelischen Allianz nicht.

Nun stand ich vor der Frage mitzuarbeiten, und das gleich im Leitungsgremium – bei einem längst prall gefüllten Terminkalender. Berufungen lassen sich freilich nicht mit rationalen Überlegungen entscheiden. Ich bat also um Bedenkzeit und trug das Anliegen Gott im Gebet vor. Schon ein bisschen in der Hoffnung, dass nichts daraus werden würde! Es kam allerdings anders. Auch wenn mir das biblische Anliegen der Evangelischen Allianz noch nicht voll bewusst war, sagte ich zu mit der Einschränkung, dass ich zuerst noch meine Mitarbeit im Jungmännerwerk beenden und mich über die Grundsatzfragen der Evangelischen Allianz schlaumachen müsse.

Fußballmannschaft »Deutsche Evangelische Allianz« gegen »Sportler ruft Sportler« während einer Allianzkonferenz

Das eine kam zum anderen und schließlich wurde ich in das Komitee der DDR gewählt. Dort waren Brüder der Methodisten, des Bundes Freier Evangelischer Gemeinden, des Bundes Evangelisch-Freikirchlicher Gemeinden, der Landeskirchlichen Gemeinschaft und der Landeskirchen beieinander. Sie berieten in diesem Gremium über Schwerpunkte und Möglichkeiten gemeinsamer Veranstaltungen und Dienste. Im Mittelpunkt standen unter DDR-Bedingungen die Allianzgebetswoche, die jährliche Allianzkonferenz in Bad Blankenburg (mit bis zu fünftausend Teilnehmern – überwiegend Jugendliche!) sowie Allianzevangelisationen in Gemeinden und internationale Kontakte. Das waren Aktivitäten, bei denen Mitarbeit erwartet wurde.

Ich las viel über die geschichtlichen und geistlichen Ursprünge der Evangelischen Allianz und über ihre Glaubensgrundsätze. Aber zwei Fragen beschäftigten mich darüber hinaus: Erstens: Welchen Charakter (welche Struktur) kann und muss die Evangelische Allianz bei der Vielzahl christlicher Kirchen und Gemeinschaften haben? Zweitens: Welche Kernaussagen beinhaltet die biblische Begründung für die Existenz einer Evangelischen Allianz? Zugegebenermaßen gibt es bezüglich dieser Fragen unterschiedliche Erkenntnisse und Gedanken, vielleicht auch nur Wünsche. Ich persönlich kann in der Evangelischen Allianz weder eine Parallelkirche noch eine evangelikale Dachorganisation sehen. Also keine »Kirche« für sich, sondern eine »Bewegung« in den verschiedenen Gemeinden, Gemeinschaften, Werken und Missionen. Eine Bewegung für Gebet, Evangelisation, Glaubensstärkung und -entscheidung, eine Bewegung zum Kennen- und Verstehenlernen anderer Christen. Vor allem aber eine Bewegung zum Zeugnis für Christus in Wort und Tat. Alles unter dem eindeutigen Vorzeichen, keinem Selbstzweck zu dienen oder Vereinigungsbestrebungen in Gang setzen zu wollen.

Eine Bewegung ist etwas Dynamisches, nichts Statisches. Sie lebt von Offenheit genauso wie von einer gemeinsamen Mitte. Offenheit für jeden, der allein Jesus Christus in die Mitte seines Glaubens und Dienstes stellt. Jesus sagte in seinen Abschiedsworten zum Vater: »Ich bete für sie alle, dass sie eins sind, so wie du und ich eins sind, Vater« (Johannes 17,21). Eins sein ist ein persönliches Geschehen, kein strukturelles, ist Gemeinschaft und nicht Organisation! Sosehr Struktur und Organisation auch notwendig sind, sie sind doch nur Hilfsmittel für das Einssein, nicht nur untereinander, sondern auch mit Christus und dem Vater durch den Heiligen Geist.

Die Bibel macht uns deutlich, dass das Einssein auch ganz konkrete Auswirkungen hat und haben muss. Drei sind mir ganz wichtig geworden:

1. Einssein, damit die Welt glaube (Johannes 17,21):
   Das ist die missionarische Ausrichtung und Beauftragung.
2. Einssein, damit Gott, der Vater unseres Herrn Jesus Christus, einträchtig und mit einem Munde gepriesen wird (Römer 15,5-6).
   Das ist die Ausrichtung auf die Verherrlichung und Anbetung des dreieinigen Gottes.
3. »Nehmt einander an, wie Christus euch angenommen hat, denn dadurch wird Gott geehrt« (Römer 15,7).
   Das ist die diakonische Ausrichtung des Einsseins.

In diesem Sinn ist eine Organisation, in der Christen eins sind, kein Wohlfühlverein, sondern Zeugnis- und Dienstgemeinschaft für Gott und die Welt!

Vor diesem Hintergrund bekam die Evangelische Allianz für mich eine große Bedeutung. Ganz abgesehen von dem Reichtum der Gaben und Erkenntnisse, die Gott anderen Christen gegeben hat. Es ist wunderbar zu entdecken, wie bunt die Wiese außerhalb meines konfessionellen Zauns ist. Ich verstehe mich voller Dankbarkeit als Lutheraner aus einem pietistischen Umfeld, aber ich habe im Laufe der Jahre viele Menschen aus anderen Kirchen, Freikirchen und Traditionen schätzen gelernt, die mir ganz wertvolle Brüder und Schwestern geworden sind. In einem Vortrag habe ich einmal den Satz gesagt: »Sosehr wir die Beheimatung in der Ortsgemeinde brauchen, so brauchen wir auch die große Gemeinde von Jesus, die mehr ist als jedes einzelne Glied.« Brauchen heißt nicht: Wir können es ja mal probieren, sondern heißt: Wir haben es nötig für unser eigenes Glaubenswachstum und weil unser Herr es so will.

Die Konferenz in Bad Blankenburg war für uns alle zweifellos ein jährlicher Höhepunkt. Trotz atheistischer Erziehung und ideologischem Druck, trotz Versorgungsengpässen und sorgfältiger Kontrollen bei Bibelarbeiten und sonstigen Veranstaltungen (es gab ja immer und überall Hörer und Horcher!) kamen scharenweise junge Leute, um unter wirklich einfachsten Bedingungen Gottes Wort zu hören, viel zu singen, zu beten und natürlich auch Spaß zu haben.

Allianzkonferenz in Bad Blankenburg, Podium für Redner, Vorstand, Gäste und Chor

Leiter und Mitarbeiter während einer Allianzkonferenz in Bad Blankenburg 1988

Die Vorbereitungen auf die Konferenz im Sommer 1989 waren spannend wie nie zuvor. Da ich inzwischen Vorsitzender des Komitees geworden war, wurde ich zusammen mit dem Direktor des Allianzhauses, Karl-Heinz Mengs, aufs Rathaus in Bad Blankenburg zitiert, um uns die deutlich verschärften Belehrungen für den Ablauf der Konferenz anzuhören. Die Ausreisewelle über osteuropäische Staaten lief schon spürbar an. Ein Mitglied des Rats des Bezirks Gera machte uns persönlich für eventuelle Zwischenfälle während der Konferenz verantwortlich und drohte im Falle einer politischen Eskalation mit eindeutigen Konsequenzen. Zugleich ließ er uns wissen, das genügend »Helfer« bereitstehen würden, um bei Handlungsbedarf einzugreifen. Ich weiß noch, dass ich darauf erwiderte: »Sie glauben doch nicht ernstlich, dass Ihre Leute gehört werden, und im Übrigen wird es gar nicht dazu kommen.«

Aber als dann am Eröffnungsabend der Konferenz der Bürgermeister seine Begrüßungsrede hielt, sich dauernd versprach und Ökumene mit Ökonomie verwechselte, da passierte es. Die einen klatschten ironisch Beifall und andere lachten laut los. Trotzdem blieb alles diszipliniert. Nach dem Abend fragte ich den Bürgermeister in Gegenwart des Vertreters vom Staatssekretariat für Kirchenfragen aus Berlin, warum denn seine Rede so in die Hose gegangen sei. Da sagte er – fast mit Tränen in den Augen –, er habe »seine Rede« erst kurz vor dem Abend aufs Auge gedrückt bekommen. Ich sprach ihm mein Bedauern aus und fragte den Berliner: »Wie konnten Sie nur Ihren Genossen Bürgermeister so der Lächerlichkeit preisgeben?«

Das Gespräch, gemeinsam mit Brüdern des Komitees, ging noch lange weiter. Zum einen sagten wir den Politikern, was junge Menschen damals wirklich dachten und wollten und dass dringend Handlungsbedarf angesagt sei, wenn die Stimmung nicht kippen sollte. Ob die staatlichen Vertreter nur ihr Gesicht wahren wollten, ob sie immer noch vom Sieg des Sozialismus überzeugt waren oder wie 1953 von den Panzern der »Freunde« träumten? Der Herbst 1989 brachte es an den Tag. Als wir im folgenden Jahr die Stasiakten in Potsdam einsahen, die die Evangelische Allianz und das Allianzhaus betrafen, war das meiste harmlos. Nur die Personalliste für eine Inhaftierung auf der Leuchtenburg am Tag X enthielt auch unsere Namen. Ja, alles hat seine Zeit!

Sehr unterschiedliche Auffassungen gab es innerhalb der europäischen Allianz. Als ich einmal im Rahmen einer Europa-Ratstagung in Dänemark einen Vortrag zu halten hatte mit dem Thema: »Mission und Evangelisation als Lebensäußerung der Kirche«, kam nach dem Vortrag der griechische Vertreter zu mir, umarmte mich sehr freundlich und gab mir den Bruderkuss. Dann sagte er: »Bruder, du hast uns einen sehr guten theologischen Vortrag gehalten, aber das brauchen wir gar nicht, denn Gottes Geist wird uns in alle Wahrheit leiten.« Ein wirklich aufrichtiger und zeugnisbereiter Bruder, den ich sehr geschätzt habe, hatte ein anderes Bibelverständnis als ich. Er war extrem charismatisch, sehr herzlich, aber zu überschwänglich.

Dieses Beispiel verdeutlicht den oft sehr schwierigen Spagat der Evangelischen Allianz. Für die einen ist sie geistlicher und artverwandter Schutzraum, in dem man sich gut aufgehoben und verstanden weiß, und für andere vertritt sie eine plurale Weite, die man, zumindest in Teilbereichen, nicht mehr nachvollziehen kann. Selbst in Kreisen der leitenden Brüder und Schwestern haben die einen Vorbehalte, wenn die Evangelische Allianz bei jeder evangelistisch-missionarischen Aktion einen Fuß mit drinhaben möchte, weil es ein gemeinsames geistliches Anliegen gibt, und andere sehen den Auftrag mehr in begrenzter, ortsbezogener Arbeit. Die einen fürchten eine zu weit gehende Öffnung für alle möglichen christlichen Gruppierungen und andere sehen in einer Engführung der Evangelischen Allianz eine verpasste Chance gemeinsamen Zeugnisses für Jesus. Diese von mir – vielleicht zu persönlich – skizzierten Spannungen resultieren natürlich aus dem Charakter einer »Bewegung«. Insofern sind Entwicklungen, Veränderungen und Öffnungen geradezu notwendig. Aber nicht alles, was einer Evangelischen Allianz verwandt ist, ist leistbar oder integrierbar oder allen bewährten Trägern der Evangelischen Allianz geschwisterlich zumutbar.

Zwei Sätze sollen diese Gedanken abschließen: Erstens: Die Bewegung der Evangelischen Allianz ist keine Bewegung sachbezogener Interessen, sondern eine Bewegung unter Leitung des Heiligen Geistes. Zweitens: Wenn Jesus wollte, dass wir alle eins sind, dann können wir nicht aufgrund persönlicher Vorbehalte etwas anderes wollen oder dies unbeachtet beiseitelegen. Aber das Einssein-Wollen muss sich auch im alltäglichen Gemeindeleben am Ort auswirken, sonst bleibt es eine biblische Theorie oder gar nur eine fromme Ideologie. Hier sehe ich noch Überlegungs- und Handlungsbedarf.

Wie schon gesagt ist die jährliche Konferenz in Bad Blankenburg zweifellos ein Höhepunkt der Evangelischen Allianz in Deutschland. Vor der Wende gab es während dieser Tage auch einen praktischen Einsatz junger Leute. Der Tagesappell samstags lautete: Kartoffelaktion auf einem LPG-Acker. Statt langer Gesichter gab es zunehmend helle Begeisterung. Als ehemaliger Landwirt nahm ich mich der Truppe von Freiwilligen an. Um sechs Uhr standen Busse bereit, um uns auf den vorgesehenen Kartoffelacker zu karren. Etwa achtzig bis hundert junge Leute standen auf der Matte. Meistens waren es dann Felder in Hanglage oder es fehlte die notwendige Technik. Handarbeit war also angesagt. Schon vor Tagesbeginn wurde der Kartoffelschlag aufgefahren, sodass wir nach einer kurzen Einführung sofort anfangen konnten. Was da auf dem Acker abging, ließ die LPG-Bauern nicht nur staunen, sondern brachte sie auch logistisch in Schwierigkeiten. Nach etwa drei Stunden und ersten Ermüdungserscheinungen gab es ein deftiges Frühstück ganz nach Bauernart. Gegen Mittag kündigten die anrollenden Busse für die Heimfahrt den Abschied von den Bauern und den Knollen an. In Bad Blankenburg wurden wir dann mit großem Hallo empfangen. Es war ein anstrengender Spaß für alle Teilnehmer und brachte einen nicht ganz unbedeutenden Obolus für das Allianzhaus. Trotz Anfrage wurden wir nach der Wende weder für einen Kartoffeleinsatz noch für sonstige kommunale Einsätze gebraucht – schade! Denn die Aktion war immer auch ein Zeichen der Hilfsbereitschaft und Dankbarkeit an die Stadt gewesen.

Weihnachten im Erzgebirge mit vier Enkelkindern (1994)

8. Brüder und Schwestern in Russland

Räumliche und finanzielle Möglichkeiten erlaubten uns als Komitee, zur DDR-Zeit auch Gäste oder Konferenzteilnehmer aus dem Ostblock einzuladen und ihnen teilweise sogar einen kostenlosen Aufenthalt zu bieten. Besonders die Brüder Manfred Kern und Karl-Heinz Menge knüpften Kontakte und setzten sich sehr für diese Aufgaben ein. Die Visabeschaffung und Reisefinanzierung erwiesen sich oft als ebenso schwierig wie die von den Gästen erhofften »Wohltaten« in Gestalt von materiellen oder finanziellen Geschenken.

Aus den anfänglichen Kontakten wurden Freundschaften und schließlich gab es auch gegenseitige Einladungen. So traten die beiden oben genannten Brüder eines Tages mit mir eine erste Reise nach Moskau, Georgien und Aserbaidschan an. Wir wollten hören und sehen, wie es den Menschen dort ging und wie sie als Christen lebten. Wir waren zutiefst beschämt von ihrer Gastfreundschaft und Frömmigkeit.

In Baku z.B. wurden wir von den Gemeindeältesten einer großen Baptistengemeinde am späten Abend auf dem Flughafen erwartet. Aber wir kamen nicht, weil sich die Reise für uns um zwei Tage verschoben hatte. Zwar hatten wir ein Telegramm geschickt, aber das war natürlich nicht angekommen. So warteten die Brüder bis zum letzten Flugzeug aus Moskau – vergeblich. Früh mussten sie zur Arbeit, aber am Abend gingen sie wieder zum Flughafen – wieder umsonst. Das Gleiche taten sie am dritten Tag. Welche Freude, als wir dann endlich ankamen!

Sie fuhren uns gleich ins Gemeindehaus – ich glaube, es war schon gegen 23 Uhr, als wir dort ankamen. Die Frauen hatten einen festlichen Tisch gedeckt mit Brot, Gemüse, Obst und Saft. Als wir sagten: »Ihr wusstet doch überhaupt nicht, ob wir heute kommen würden!«, antworteten sie, als wäre es das Selbstverständlichste der Welt: »Das haben wir jeden Abend so gemacht! Wenn Glaubensgeschwister kommen, ist es so, als käme unser Herr persönlich zu uns!«

Den Gottesdienst in Baku mit Predigt, Zeugnissen, Gedichten und wunderbaren Liedern des Diakons mit seiner herrlichen Stimme habe ich heute noch im Ohr und im Herzen.

Aus dem bloßen Kennenlernen ausländischer Geschwister wurden in den kommenden Jahren Anfragen und Überlegungen im Blick auf die Existenz der Gemeinden nach der »Perestroika« (russisch: Umgestaltung). Insbesondere war ja unser Anliegen, etwas über andere christliche Gemeinden in den Orten zu erfahren und inwieweit sie voneinander wussten oder gar zusammenarbeiteten. Was uns darüber erzählt wurde, war zunächst ernüchternd. Denn schon innerhalb einer Konfession gab es mehrere Gruppierungen: Registrierte, Nichtregistrierte und Autonome. Das hing mit der staatlichen Überwachung zusammen. In der Sowjetzeit traute einer dem anderen nicht. Und zwischen den verschiedenen Konfessionen war es manchmal noch schlimmer.

In einem sibirischen Dorf sagte mir einmal ein Gemeindeältester einer lutherischen Gemeinde, als ich ihn zu einer freikirchlichen Gemeinde mitnehmen wollte: »Da gehe ich nicht hin.« Auf unser Bitten und den Hinweis, dass Christen doch eins sein sollen, wenn auch in verschiedenen Gemeinden, entgegnete er wieder: »Nein!« Noch ein drittes Mal wollten wir es versuchen und fragten ihn nach seiner ehrlichen Begründung. Da rückte er mit der Sprache heraus und erklärte: »Ich musste meinem Vater auf dem Sterbebett versprechen, niemals das Bethaus dieser Sektierer (Baptisten) zu betreten.«

Allmählich verstanden wir, dass Selbstschutz, politische Zwänge, Unkenntnis über protestantische Gemeinden und die Übermacht der orthodoxen Kirche zu einem ängstlichen Schattendasein der Christen geführt hatten und es Geduld und Mühe bedurfte, um Krusten zu durchbrechen und sich nach außen zu öffnen. In einer kleinen Dorfgemeinde tauchte für alle unerwartet eine jüngere Frau auf. Die etwa zehn anwesenden alten Frauen schauten sich ständig nach ihr um, weil sie sich auf die letzte Bank gesetzt hatte: misstrauisch, ängstlich, abweisend. Am Ende des Gottesdienstes fragten sie die jüngere Frau, wer sie sei und was sie überhaupt wolle. Was dann kam, war erschütternd. Die Frau antwortete: »Ich bin aus eurem Dorf. Ich fahre einen Atomeisbrecher im Nordmeer. Eigentlich wollte ich eine Christin sein, aber ihr habt mich nur eiskalt mit abweisenden Blicken gestraft.« Darauf herrschte große Betroffenheit. Und dann fragte sie uns nach den Grundlagen des christlichen Glaubens und ob wir eine Bibel für sie hätten. Da wir immer Bibeln von der russischen Bibelmission bei uns hatten, gaben wir ihr eine und haben noch lange miteinander gesprochen.

Das Gegenteil erlebten wir einmal im Flugzeug. Der junge Steward erkannte uns im fernen Sibirien sofort als Ausländer und fragte uns, woher wir kämen und was wir in Sibirien machten. Als wir es ihm gesagt hatten, strahlte er uns an und sagte: »Ich bin auch Christ.« Wir fragten ihn, zu welcher Kirche er gehöre. Welch dumme Frage von uns! Er holte sein Neues Testament aus der Jacke und sagte noch einmal: »Ich bin Christ.« Er machte uns deutlich, was Jesus ihm bedeutete. Danach wollten wir ihn weder dogmatisch noch konfessionsgeschichtlich belasten, sondern rieten ihm nur, sich andere Christen zu suchen und gemeinsam mit ihnen die Bibel zu lesen und zu beten.

Unvergessen bleibt mir auch der Besuch eines Gottesdienstes in Moskau. Gegen 10 Uhr war das Gotteshaus fast voll. Unter den Besuchern waren gestandene Christen (wie sich später herausstellte), aber auch auffallend viele Jugendliche. In russischen Gemeinden spielen die Musik und das Glaubenszeugnis meistens eine große Rolle und die Predigt dauert nicht nur zwanzig Minuten. Nach dem Gottesdienst sollten wir als Gäste eine Bibelstunde halten. Wir taten es mit einfachen Worten und bildreich und fanden aufmerksame und prüfende Zuhörer. Im anschließenden Gespräch ging es dann weniger um den Bibeltext, sondern mehr um die üblichen Fragen: Müssen Frauen im Gottesdienst unbedingt Röcke tragen oder dürfen sie auch mit langen Hosen kommen? Dürfen die Ältesten eine Krawatte tragen oder ist das Hochmut? Welche Kleidung sollten Männer und Frauen überhaupt im Gottesdienst tragen? Wir mögen darüber lächeln, aber russische Christen wollen sich in ihrer Umwelt auch äußerlich als solche zu erkennen geben und ihre Ehrfurcht vor dem heiligen Gott ausdrücken. Ein bisschen davon würde uns bestimmt auch guttun!

Nach dem Gottesdienst und der Bibelstunde war noch lange nicht Schluss. In der Mittagspause nahmen die Leute ihre mitgebrachten Gurken und Tomaten aus der Tasche, auch Brot oder ein Stück Speck sowie Suppe und Tee wurden angeboten. Dann ging es weiter. Die älteren Menschen hielten eine Zeugnisstunde, wieder mit viel Liedern, Gedichten und Weitergabe von biblischen Erkenntnissen. Die jungen Leute waren in dieser Zeit für sich und sprachen über ihre Fragen und Probleme aus biblischer Sicht. Etwa gegen 16 Uhr wurde es mir fast zu viel und ich fragte einen jungen Mann, ob das an jedem Sonntag so lange gehe. Der schaute mich verwundert an. Dann sagte er: »Heute ist doch der Tag des Herrn, da gehören wir ins Gotteshaus.« Ich stellte lieber keine weiteren Fragen, schämte mich vielmehr, dass bei uns der »Tag des Herrn« kaum noch im Bewusstsein ist und ein Gottesdienst möglichst nach einer Stunde beendet sein soll. Hat unsere Sonntagspraxis vielleicht Auswirkungen auf mangelndes Glaubenswachstum und fades Gemeindeleben? Wie viel Zeit nehmen wir uns für Gott am Sonntag und im Alltagsleben? Wie viele geistliche »Hungerkünstler« und »Fastenfans« leben in unseren Gemeinden?

Unsere Russlanderfahrungen kamen in eine zweite Phase. Außer Gemeindebesuchen, Predigten und dem Versuch eines Brückenschlages zwischen den Gemeinden forderte uns die äußere Not heraus, auch praktisch zu helfen. Im Kirchenbezirk Annaberg sammelte ich Spenden für Russland, konkret für die Arbeit mit Waisenkindern, für die Gefängnisseelsorge und für die Arbeit mit Kindern und Jugendlichen. An dieser Stelle möchte ich allen danken, die unsere Arbeit mit Spenden und Gebeten so treu begleitet haben. Anfangs konnten wir mit zehn Dollar den Rüstzeitplatz für ein Kind finanzieren. Mitfahren sollten möglichst nur Kinder, die ein bis zwei nicht christliche Freunde mitbrachten. Das gesammelte Geld von insgesamt umgerechnet etwa 180 000 Euro haben wir immer in gegenseitiger Absprache unseres Teams und über die öffentlichen Leiter der Gemeinden oder die Bischöfe weitergegeben. Eine Rüstzeit mit circa hundert Kindern und ausschließlich ehrenamtlichen Mitarbeitern in den sibirischen Wäldern zu erleben war für mich sehr bewegend. Wie die Kinder mit Fleiß in Gruppen die Bibel lasen und darüber sprachen, fröhlich sangen und klatschten, biblische Geschichten mit aus Waldmaterial Gebasteltem nachspielten, das war einfach toll!

Aber auch die materielle Unterstützung genügte irgendwann nicht mehr. Sollten Christen und Gemeinden sich untereinander näherkommen, mussten die Anfänge des gegenseitigen Verstehens und Zusammenwachsens von den Bischöfen der verschiedenen Kirchen mitgetragen werden.

Ein Zusammenkommen wurde tatsächlich möglich – dank der Initiative unseres Bruders Ulrich Materne. Dieses Treffen erbrachte zumindest Hörbereitschaft und Verständnis für Anliegen der Evangelischen Allianz in

Russland. Unverzichtbar war bei allem Bemühen unser sehr geschätzter und begabter Bruder Wladimir Rjagusow. Inzwischen gibt es auch in Russland an einigen Orten die Allianzgebetswoche oder regionale Allianztage.

Uns war jedenfalls klar geworden, dass die protestantischen Kirchen in Russland nur gemeinsam ein Gegenüber für den Staat und die Orthodoxe Kirche sein können, um als Kirchen ernst genommen zu werden. Und nur gemeinsam kann man auch neureligiösen Strömungen und klassischen Sekten begegnen. Das Denken eines russischen Menschen geht bis heute davon aus: Wenn überhaupt Christ, dann russisch-orthodox – alles andere ist westlicher Import und vielleicht sogar für die russische Seele schädlich!

Ich maße mir allerdings nicht an – trotz meiner dreizehn Reisen nach Russland – die Situation und das Wesen der russischen Menschen und ihre Geschichte umfassend beurteilen zu können. Aber so viel weiß ich: Russland braucht Menschen wie Constantin aus Ostsibirien. In seiner Zeit als hoher Offizier der Sowjetarmee hatte sein Leben eine gefährliche Schieflage bekommen. Der Alkohol wurde zu seinem täglichen Begleiter, die Ehefrau verließ ihn und nach einer heftigen Auseinandersetzung mit dem Vorgesetzten landete er schließlich im Gefängnis.

Während seiner zehnjährigen Haft lernte er einen alten Mann kennen, der ab und zu ins Gefängnis kam, von Jesus erzählte und Seiten aus der Bibel verteilte. Constantin wurde dort von Gottes Geist ergriffen und ein Kind Gottes. Wieder in Freiheit versöhnte er sich mit seiner Frau, trank nicht mehr und stellte sein Leben und alles, was er hatte, Gott zur Verfügung. Das waren Zeit (denn finanziell war er versorgt) und ein altes, klappriges Auto. Mit diesem Auto – sofern man es wirklich noch Auto nennen konnte – fuhr er uns zu entlegenen Gemeinden. Zu dritt auf der Rückbank, mit kaputten Federn und zum Teil desolaten Straßen war das eine Tortur. Wenn wir mal eine Pause machten oder nachts schliefen, lag Constantin oft unter dem Auto und flickte, was gerade wieder kaputt war. Das Auto war für deutsche Verhältnisse absolut schrottreif, für russische Verhältnisse aber immer noch gut genug, um den Brüdern und Gott zu dienen!

Als wir auf der Rückfahrt von der mongolischen Grenze waren, machten wir an dem herrlichen Baikalsee eine Pause. Zu unserer Verwunderung nahm Constantin unsere Koffer aus dem Auto, legte sie direkt am See übereinander, holte eine Tüte Brotfladen und fünf geräucherte, leckere Omulfische (Spezialität aus dem See) – von einer Frau am Straßenrand gekauft –, »servierte« sie auf den Koffern und sagte: »So, jetzt machen wir es, wie unser Herr es einst mit den Broten und Fischen getan hat.« Er sprach ein Gebet und wir hielten ein köstliches Mahl – geradeso wie am See Genezareth!

Nur dreimal schliefen wir in einem Hotel, sonst bei Glaubensgeschwistern, in Gemeindehäusern, im Theologischen Seminar der Baptisten in Moskau, manchmal vor dem Ofen oder auf dem Fußboden. Aber wohl gerade deshalb sind wir den russischen Menschen so nahegekommen. Sie sind uns ans Herz gewachsen und bleiben uns unvergessen.

Einmal sind wir auch mit einem Touristenvisum nach Russland gereist. Das bedeutete, ein Hotel zugewiesen zu bekommen. In der großen Stadt angekommen, mussten wir zwecks Anmeldung zunächst das genannte Hotel aufsuchen und das Visum abstempeln lassen. Das Problem war nur, dass keiner das Hotel kannte. Nach einigen Telefonaten bekamen wir wenigstens heraus, in welche Richtung wir fahren sollten. Also rein in die Straßenbahn und hinein in ein Viertel, in dem weit und breit kein Hotel zu sehen war. Schließlich war es eine alte Frau, die uns weiterhelfen konnte. Sie zeigte mit der Hand auf ein garagenartiges Gebäude mit einer eisernen Türe davor. Wir gingen hinein und kamen an ein Pförtnerhäuschen, in dem eine füllige, strenge Frau saß. Sie schickte uns in die erste Etage. Dort mussten wir unsere Pässe abgeben und vierzig Dollar für die Registrierung löhnen. Zum Glück bekamen wir die Pässe bald zurück.

Von Hotelzimmern gab es in diesem merkwürdigen Haus allerdings keine Spur. Auch etwas zu essen zu bekommen war sehr kompliziert. Erst durften wir nicht in den sogenannten »Speisesaal« (in dem – wie wir später sahen – drei lange Tafeln mit Holzbänken wie in einer Kantine standen), weil gerade der Chef Mittag machte und nicht gestört werden wollte. Als wir endlich hineindurften, gab es zur Auswahl eine klare Suppe oder ein paar Brotfladen.

Auf nähere Nachfrage sagte man uns schließlich, dass dieses Haus eine Firma beherberge. Auf die Frage, was man denn hier produziere, gab es keine Antwort. Die Männer, die dort mit Anzug und Krawatte und Aktenköfferchen herumliefen, sahen auch nicht nach Mitarbeitern des produzierenden Gewerbes aus.

Uns war es egal. Wir hatten, was wir brauchten: etwas Suppe im Bauch und den wichtigen Stempel im Dokument, und wollten ja ohnehin nicht in dem »fürstlichen Hotel« wohnen, sondern, wie üblich, bei unseren Glaubensgeschwistern. Immerhin hatte der Stempel dieses »Hotels« bewirkt, dass die Pass- und Zollkontrolleure auf dem Heimflug so freundlich und nett waren wie nie zuvor. Aber wie gesagt: Alles hat seine Zeit!

Bei all meinem Engagement für die Evangelische Allianz durften die Aufgaben in Annaberg und im Kirchenbezirk natürlich nicht zu kurz kommen. Am Horizont zeichneten sich bereits die bis heute wirksamen Strukturreformen ab. Entlassungen sollte es keine geben und gab es wohl auch nicht, aber Arbeitszeitverkürzungen oder die Nichtwiederbesetzung von Stellen. So konnte der »kirchliche Betrieb« zwar aufrechterhalten werden, allerdings ging das nicht selten zu Lasten von Seelsorge und Besuchsdienst – zwei Kernaufgaben der Gemeindearbeit. Auch die Abstriche bei den Verwaltungsstellen waren zwar dank moderner Technik und zum Teil sinnvoller Konzentrationen zu verkraften, aber das, was die Pfarrer bisher an Gesprächen, Ratschlägen, Trost und Seelsorge geleistet hatten, musste zwangsläufig reduziert oder vereinfacht werden.

Das alles nur zu beklagen wäre nicht richtig und der Allmacht unseres Gottes nicht angemessen. Vielmehr gilt es, sich für neue Wege zu öffnen und noch mehr innergemeindliche Möglichkeiten zu suchen und zu fördern, um Menschen die Schwellenangst zur Kirche zu nehmen. Wir sollten noch enger mit Christen anderer Gemeinden bei uns im Ort zusammenarbeiten, unsere Zeiteinteilung neu überdenken und alle strukturellen Maßnahmen unter dem Gesichtspunkt der missionarischen Aufgabe der Gemeinden bedenken.

Ein wesentlicher Dienst scheint mir zu sehr aus dem Blick geraten zu sein: das intensive Gebet um geistliche Aufbrüche und Erweckung in unserem Land. Fürbittengebete im Gottesdienst sind oft eine indirekte Wiederholung der Predigt oder politische Kommentare für den »lieben Gott« oder haben einen einseitig sozialen Charakter. Alles durchaus legitim, aber über die Erneuerung unserer Kirche habe ich bei Visitationen nur selten etwas gehört, wie auch von der Fürbitte für unseren Bischof und alle leitenden Brüder und Schwestern. Und wenn wir wirklich einmal darum bitten, fehlt es am Glauben, dass Gott es auch tut, und daran, dass wir uns innerlich darauf vorbereiten lassen.

Allmählich gingen meine Jahre des aktiven Dienstes zu Ende. Gesundheitliche Probleme einerseits, aber auch die Möglichkeit, jungen Vikaren eine Chance zu geben, in den Dienst übernommen zu werden, waren die Gründe für mein Nachdenken über einen vorzeitigen Ruhestand. Ich spürte in meinem Herzen, bestärkt durch Gespräche mit meiner Frau und einigen Glaubensgeschwistern, dass der Zeitpunkt zum Aufhören gekommen war. Dass allein im letzten Jahr meines Dienstes – außer allen anderen Aufgaben – sechsundvierzig Kirchenvorstandssitzungen nötig waren, um in der neuen Situation durch gemeinsames Ringen die richtigen Entscheidungen zu finden, beschäftigte mich oft bis in die späte Nacht hinein. Die Meinungen und Erkenntnisse gingen oft weit auseinander. Mancher argumentierte nur aus örtlicher Sicht und mancher meinte, eine göttliche Weisung zu haben. Dazu kam die Frage: Wie können die neuen Herausforderungen praktisch gelost werden? Und früh um 7 Uhr ging es weiter.

Nach der Wende waren ja auch die Möglichkeiten und Notwendigkeiten gewachsen, in der Öffentlichkeit tätig zu werden. Anfangs waren das hauptsächlich Vorträge bei Lehrern und Direktoren, Segensworte bei Neueröffnungen und gesellschaftlichen Ereignissen oder die Mitarbeit am »Runden Tisch« des Landkreises mit den entsprechenden Übergangsproblemen. Später kamen dazu: öffentliche Diskussionen, Gesprächsrunden zu aktuellen Themen sowie Termine mit den Bürgermeistern des Landkreises, um gemeinsame Aufgaben zu koordinieren. Viel Zeit nahmen auch die Einführung des Religionsunterrichtes an den Schulen oder die Klärung offener Pachtfragen aus DDR-Zeiten in Anspruch.

Wenn ich auf die Zeit in Streumen und Annaberg zurückschaue, kann ich nur sagen: An der Seite meiner Frau, meiner Kinder und Enkel, aber auch vieler Freunde und Glaubensgeschwister war es eine sehr gefüllte und gute Zeit! Trotz Versagen und Schuld – die ja nicht ausgeblieben sind – kann ich nur danken und zugleich meinen Herrn um seine Barmherzigkeit bitten.

Am 31. Oktober 1999 durften wir in unserer geliebten St. Annenkirche in Annaberg, wo meine Frau noch über diese Zeit hinaus Kirchenführungen gemacht hat, Abschied nehmen von allen Pflichten, aller Verantwortung und von den zahlreichen Mitarbeitern und Gemeindegliedern (zum Gottesdienst kamen etwa eintausenddreihundert Besucher). Der Tag des Gedenkens an die

Reformation war von mir bewusst gewählt worden, im Hinblick auf die durch unsere Reformatoren bewirkten wunderbaren und wichtigen Erkenntnisse bezüglich der Heiligen Schrift.

In der Predigt erinnerte ich noch einmal an das vierfache Solus und befahl den Kirchenbezirk und unsere ganze Kirche der treuen Fürsorge unseres Gottes an. In der anschließenden Grußstunde im »Erzhammer« in Annaberg wurden uns von allen Seiten viele gute Segensworte für die Zeit des Ruhestandes gesagt. Übertrieben, wie immer bei solchen Anlässen. Überraschenderweise waren auch Vertreter unserer Partnergemeinden aus den Kirchenbezirken Aurich und Georgsmarienhütte gekommen und sogar eine volle Busbesatzung aus unseren früheren Streumener Gemeinden. Was alle diese Verbindungen uns über die Jahre bedeutet haben, wie viel praktische Hilfe, gegenseitige Fürbitte und aufmunternde Begegnungen es gab, kann an dieser Stelle nur angedeutet werden.

Über die wichtige Rolle der innerdeutschen Partnerschaften für die Einheit Deutschlands muss wohl noch einmal gründlich gearbeitet werden. Sie waren für mich ein Hoffnungszeichen des gegenseitigen Gebens und Nehmens.

9.

Ich weiß, dass mein Erlöser lebt

Von einem wirklichen Ruhestand zu reden wäre übertrieben. Verschiedene Vertretungsdienste, zahlreiche Bibelrüstzeiten, Reisen mit Gemeindegruppen – zuletzt nach Armenien, dem ersten christlichen Land der Welt –, Vorträge und Beiträge für kirchliche Zeitschriften, biblische Betrachtungen und thesenartige Denkanstöße blieben mir erhalten, sozusagen als Kür nach der Pflicht oder als Abtrainieren nach den Wettkämpfen. Es begann also die Zeit, von der ein Oberlandeskirchenrat einmal sagte: »Wenn ich gewusst hätte, wie schön der Ruhestand ist, hätte ich mir glatt den Umweg übers Amt erspart.«

Nein, für mich waren die vierunddreißig Jahre als Pfarrer und Superintendent, als Mitarbeiter im Jungmännerwerk und in der Evangelischen Allianz, als Familienvater und Freund vieler Menschen durchaus kein Umweg. Jetzt aber durften sich meine Zeiteinteilung, das Arbeitstempo und die Art des Dienstes schon ändern. Nach dem Umzug zu unserem »Ruhesitz« in Walthersdorf blieb etwas mehr Zeit fürs Lesen und Nachdenken, für die Natur und die Hobbys. (Wie gut, wenn man ein Typ ist, dem vor lauter Ruhestand nicht die Decke auf den Kopf fällt, und wenn sozusagen das Tor zum Betriebsgelände nicht hinter einem verschlossen wird!) Wir mussten auch unserem Nachfolger nicht ständig in die Hacken treten oder einen Fanklub pflegen, nein, wir durften loslassen – auch wenn es uns im Blick auf unsere Gemeindekreise schwerfiel – und uns aneinander und an unseren Kindern und Enkeln erfreuen. Gott schenkte uns die Gabe, uns nicht wichtiger zu nehmen, als wir sind. Wir durften ins zweite Glied treten und alles, was uns erfreut oder auch besorgt gemacht hat, ihm im Gebet sagen. Es hat eben alles seine Zeit!

Sehr bald nach dem Beginn des Ruhestandes begannen unsere gesundheitlichen Kräfte zu schwinden. Meine Frau wurde vor gut sechs Jahren wegen Krebs operiert, anschließend chemotherapeutisch behandelt und danach bestrahlt und in einer Anschlusskur weitertherapiert. Ich bekam zusätzlich zu langjährigen fast ständigen Kopfschmerzen immer stärkere Diabetes, einen Herzinfarkt und einen Schlaganfall, zu dem allem auch schmerzhaftes Rheuma. So lernte ich unser Klinikum von außen und innen, vom Rettungswagen bis zur Notaufnahme, von der Intensivstation bis zu den sogenannten Nachtprofilen (nachts alle zwei Stunden Blutzucker messen), von freundlichen Ärzten und Schwestern bis zu den lästigen »Stechmücken« (blutabnehmenden Schwestern) kennen.

Einige sagten: »Warum hat Gott Ihnen das angetan?« Ich konnte darauf nur ehrlichen Herzens antworten: »Ich bin Gott so dankbar, dass das alles erst jetzt im Ruhestand passiert ist, weil ich so meinen Dienst für Gott bis zuletzt fast immer bei guter Gesundheit tun konnte.« Und bei der Häufung der Erkrankungen und deren Folgen ist es ein Wunder, dass die verbliebenen körperlichen und gesundheitlichen Einschränkungen gering sind. Meine Frau und ich können uns jetzt die geliebten Berge von unten anschauen, können uns an Hochglanzkatalogen von fernen Ländern erfreuen und empfinden jeden kleinen gesundheitlichen Fortschritt als gnadenvolle Zugabe unseres Gottes, durch die wir noch beieinander sind und leben dürfen.

Es gab hin und wieder Leute, die sagten: »Lass dich doch von Jesus heilen, er hat ja alle Macht im Himmel und auf Erden. Heilungen sind doch zutiefst biblisch.« Dass Jesus heilen kann, steht für mich außer Frage, und ich habe ihn auch oft darum gebeten. Aber muss er es tun? Ist Krankheit ein Zeichen mangelnden Glaubens? Können wir kleinen Menschen den allmächtigen Gott nötigen, immer das zu tun, was wir wollen? Ist Krankheit nicht auch ein Zeichen unserer Vergänglichkeit und Erlösungsbedürftigkeit, das unseren Blick auf die Ewigkeit lenken möchte? Ich weiß, wir dürfen um Heilung beten und ihm voll und ganz vertrauen. Aber Gott so für uns vereinnahmen zu wollen, dass er unsere Wünsche pflichtgemäß erfüllt – an so einen von mir abhängigen Gott möchte ich nicht glauben.

Was an diesen Worten fromm und vielleicht sogar geistlich überzeugend klingt, ist in Wirklichkeit durch einen langen, oft auch schweren Prozess entstanden. In unseren Bibelstunden haben wir fast ein ganzes Jahr lang über das Buch Hiob gesprochen. Hiobs Frau riet, als nur noch Unheil über die Familie kam, ihrem Mann: »Sag dich von Gott los und stirb!«(Hiob 2,9). Hiob selber wollte sich nicht vorschnell an Gott versündigen und sagte: »Der Herr hat mir alles gegeben und der Herr hat es mir wieder weggenommen. Gelobt sei der Name des Herrn!« (Hiob 1,21). Diesen mutigen Glaubenssatz galt es aber in Bewährungsproben und Anfechtungen und im Dialog mit seinen Freunden festzuhalten. Ihre Argumente gingen hart an die Grenze: »Hiob, du musst etwas Schlimmes ausgefressen haben, sonst würde Gott dich nicht so strafen.«

War Hiobs »Schicksal« Strafe? Quält Gott Menschen, die ihn lieb haben? Können uns Menschen in solchen Situationen letztgültige Antworten geben? Der Leidensprozess des Hiob mündete und endete nicht in klugen Sprüchen, sondern in dem Bekenntnis: »Und doch weiß ich, dass mein Erlöser lebt ... [Ich] werde ... Gott doch sehen. Ich werde ihn sehen, ja, mit meinen eigenen Augen werde ich ihn erblicken ... Danach sehnt sich alles in mir« (Hiob 19,25-27). Das Wissen um und das Erkennen der Größe und Allmacht Gottes waren der Schlüssel zur Bewältigung seines Schicksals.

Ich bin weder Hiob noch Gottes Ratgeber. Doch ich will von Hiob lernen, auch in den Tiefen des Lebens Gott zu vertrauen und mit Wundern zu rechnen, aber auch seine Führungen und Unerklärbarkeiten anzunehmen in der Gewissheit: Ich weiß, dass mein Erlöser lebt! Ein fröhliches Herz ist nicht zuerst eine Frage der Gesundheit, sondern der Hoffnung. Und ein dankbares Herz lebt nicht von der Erfüllung unserer Wünsche, sondern von der Erwartung des barmherzigen, gnädigen Heilandes!

Gebet von Antoine de Saint-Exupéry

Ich bitte nicht um Wunder und Visionen, Herr,
sondern um Kraft für den Alltag!
Lehre mich die Kunst der kleinen Schritte.

Mach mich findig und erfinderisch,
um im täglichen Vielerlei und Allerlei
rechtzeitig meine Erkenntnisse und
Erfahrungen zu notieren,
von denen ich betroffen bin.

Mach mich griffsicher in der
richtigen Zeiteinteilung,
schenke mir das Fingerspitzengefühl,
um herauszufinden,
was erstrangig und was zweitrangig ist.

Lass mich erkennen, dass Träume
nicht weiterhelfen, weder über die
Vergangenheit noch über die Zukunft.
Hilf mir, das Nächste so gut wie möglich zu tun
und die jetzige Stunde als die wichtigste
zu erkennen.

Bewahre mich vor dem naiven Glauben,
es müsste im Leben alles glatt gehen.
Schenke mir die nüchterne Erkenntnis,
dass Schwierigkeiten, Niederlagen,

Misserfolge, Rückschläge
eine selbstverständliche Zugabe zum Leben sind,
durch die wir wachsen und reifen.

Erinnere mich daran,
dass das Herz oft gegen den Verstand streikt.
Schick mir im rechten Augenblick jemand,
der den Mut hat,
mir die Wahrheit zu sagen.

Ich möchte dich und die anderen
immer aussprechen lassen.
Die Wahrheit sagt man nicht sich selbst,
sie wird einem gesagt.

Du weißt, wie sehr wir der Freundschaft bedürfen.
Gib, dass ich diesem schönsten, schwierigsten,
riskantesten und zartesten Geschäft des
Lebens gewachsen bin.

Verleihe mir die nötige Fantasie,
im rechten Augenblick ein Päckchen Güte,
mit oder ohne Worte an der richtigen Stelle
abzugeben.

Mach aus mir einen Menschen,
der einem Schiff mit Tiefgang gleicht,
um auch die zu erreichen, die »unten« sind.

Bewahre mich vor der Angst,
ich könnte das Leben versäumen.
Gib mir nicht, was ich mir wünsche,
sondern, was ich brauche.

Amen

aus: Antoine de Saint-Exupéry
Die Stadt der Wüste